Mendoza Ch., Jesús Luis
Análisis de Las aventuras de Tom Sawyer / Jesús Luis Mendoza Ch.
— Bogotá: Panamericana Editorial, 2003.
　　68 p.; 21 cm. — (Centro literario)
　　Incluye bibliografía.
　　ISBN 958-30-1231-9
　　1. Twain, Mark, 1835-1910. Las aventuras de Tom Sawyer - Análisis literario 2. Twain, Mark, 1835-1910. Las aventuras de Tom Sawyer - Crítica e interpretación I. Serie
810.4 cd 19 ed.*
AHR4344

　　　　CEP-Banco de la República-Biblioteca Luis Ángel Arango

Análisis de Las aventuras de Tom Sawyer

Mark Twain

Por Jesús Luis Mendoza

Editor
Panamericana Editorial Ltda.

Autor
Jesús Luis Mendoza Ch.

Diagramación
Nayibe Jiménez L.

Diseño de carátula
Antonio Javier Caparó

Primera edición en Editorial Voluntad S. A., 1994
Primera edición en Panamericana Editorial Ltda., bajo el sello editorial de Terranova Editores®, octubre de 2003

© Panamericana Editorial Ltda.
Calle 12 No. 34-20, Tels.: 3603077 - 2770100
Fax: (57 1) 2373805
Correo electrónico: panaedit@panamericanaeditorial.com
www.panamericanaeditorial.com
Bogotá, D. C., Colombia

ISBN: 958-30-1231-9

Todos los derechos reservados.
Prohibida su reproducción total o parcial
por cualquier medio sin permiso del Editor.

Impreso por Panamericana Formas e Impresos S. A.
Calle 65 No. 95-28, Tels.: 4302110 - 4300355, Fax: (57 1) 2763008
Quien sólo actúa como impresor.

Impreso en Colombia   Printed in Colombia

TABLA DE CONTENIDO

Biografía del autor 6

Tema y argumento 8

Lista de personajes 10

Resúmenes y comentarios 12

Temas claves de la obra 47

Localización espacial y geográfica 49

Tiempo histórico e interno 51

Análisis de personajes 52

Recursos literarios 53

Vocabulario 56

Críticas sobre la obra 60

Talleres y preguntas 61

Bibliografía 64

EPÍGRAFE

"—¿Hacer qué?

—La iniciación.

—¿Qué es eso?

—Es jurar ayudarse mutuamente y no delatar nunca los secretos de la banda aunque nos hagan picadillo...

—Esto es divertido... Es enormemente divertido, Tom, te lo aseguro —dijo Huck.

—Bueno, ¡claro que lo es! Y todos los juramentos se tienen que hacer a medianoche, en el lugar más solitario y terrible que se pueda encontrar —dijo Tom— ...Y tienes que jurar encima de un ataúd y firmar con sangre.

—¡Estupendo! Bueno, esto es un millón de veces más estupendo que la piratería —dijo Huck— ...Y, si llego a ser un bandido notable, todo el mundo hablará de mí, y espero que la viuda estará orgullosa de haberme recogido en la calle".

"Las aventuras de Tom Sawyer",

Mark Twain

BIOGRAFÍA DEL AUTOR

El verdadero nombre de Mark Twain fue Samuel Langhorne Clemens. Nació el 30 de noviembre de 1835 en un pequeño pueblo de Florida, Missouri (Estados Unidos). Cuatro años más tarde su familia se traslada a Hannibal, en la parte oriental del río Mississipi no lejos de una ciudad provinciana de importancia, San Luis. Este sitio resultó ideal para el desarrollo de Samuel, e influenció mucho su trabajo literario posterior. La vida romántica, fascinante y a veces violenta cerca del río, ofreció muchas oportunidades de aventuras.

Por ser Hannibal un pequeño pueblo, permitía un ambiente seguro, estable y predecible, contrastante con el medio ambiente natural de los alrededores que incluía bosques, cuevas y hasta una isla. Todo esto ofrece un medio aventurero donde Samuel y sus amigos hacían realidad sus fantasías. Escribiendo como Mark Twain (su seudónimo), Samuel Clemens inmortalizó este pequeño pueblo, sus gentes y sus costumbres en dos de sus obras más famosas: *Las aventuras de Tom Sawyer* (1876) y su segunda parte, *Las aventuras de Huckleberry Finn* (1885).

A los 18 años, Samuel abandona Hannibal para viajar por los Estados Unidos durante varios años. En 1861 se establece en Virginia City, Nevada, y escribe para el periódico Virginia Enterprise. Fue allí donde escogió el seudónimo "Mark Twain", frase de la jerga utilizada por los hombres que navegan el Mississipi y que significa "suficientemente profundo para navegar".

Twain continúa viajando y visita las islas hawaianas, Europa, y la Tierra Santa. Sus artículos diarios y discursos sobre sus experiencias lo hicieron famoso como escritor y orador. Su humor burlesco, sentido de la sátira y suspicacia le ganaron muchos lectores absortos ante sus ocurrencias. Su popularidad no tardó en crecer rápidamente a través de Estados Unidos e Inglaterra.

En 1870, Twain contrae matrimonio con Olivia Langdon. Se establecen en Hartford, estado de Connecticut, y viven allí durante 20 años. En este tiempo, Twain alcanza el momento culminante de su creatividad. Escribe su primera novela, *Las aventuras de Tom Sawyer,* al igual que *Las aventuras de Huckleberry Finn,* esta última considerada su obra maestra. Estas dos novelas junto con *Vida en el Mississipi* constituyen lo más representativo de la producción literaria de Twain. Estas obras se inspiran en los recuerdos que el propio escritor tiene sobre la infancia y la juventud vivida.

Twain muere en abril de 1910. Una sonrisa animaba su boca.

TEMA Y ARGUMENTO

Como lo expresa el título de la novela, se trata de las fantásticas, inocentes y divertidas "aventuras" de un muchacho pendenciero, alocado y de buen corazón, llamado Tom Sawyer.

La obra comienza con una broma típicamente infantil. Tom, un muchacho díscolo y travieso se ha comido una mermelada a escondidas de su amable y querida tía Polly. Ella lo encuentra "in fraganti" oculto en un armario. Lo va a castigar, pero el jovencito se vuela. Luego Tom convida a su estimado amigo Joe Harper para que pinte la cerca de la casa de su tía. El otro accede, mientras que Tom aprovecha para ver más de cerca a una chica de la que se ha enamorado irremediablemente: Becky Thatcher.

Prosigue la historia cuando Tom, que es un pésimo estudiante, resulta ganador del "Premio bíblico" que otorga la iglesia de su pueblo. Todos se extrañan, pero finalmente creen y se ponen muy contentos. Muy pronto se descubrirá que Tom hizo trampa para ganarse el premio.

Otra de las aficiones de Tom es la caza de insectos, gusto que comparte con Huckleberry Finn, un muchacho pobre —casi mendigo— que secunda todas las aventuras del otro. Ya en el colegio, Tom deja escapar una garrapata en plena clase y provoca una conmoción. Tanto él como Joe Harper serán castigados.

Ahora Tom sufre la indiferencia a que lo somete Becky y se esconde en el bosque provocando la natural angustia de su familia. En medio de las tristezas, Tom se encuentra con Huck en un cementerio y, casualmente, presencian el asesinato del Doctor Robinson a manos de un Injun Joe. Asustados, los dos jóvenes juran nunca mencionar lo que acaban de ver. Al poco tiempo la gente se entera del asesinato. Muff Potter es acusado del crimen. El hombre es un borracho empedernido.

En tanto la tía Polly, viendo la melancolía que sufre Tom, le da una medicina. El muchacho, pese a su humor, le da la pasta al gato Peter y el animal casi enloquece. Luego Tom y sus amigos Joe Harper y Huck se escapan a la isla Jackson. Se divierten y juegan un largo rato hasta cuando escuchan un cañonazo proveniente del pueblo. Es un aviso de las autoridades que creen perdidos a los muchachos o que se han ahogado en el río.

Tom vuelve a escondidas al pueblo y en la sala de la casa escucha de labios de la tía Polly que el entierro simbólico lo tienen planeado para el domingo. Tom prosigue con la macabra broma e invita a sus dos amigos a no desistir hasta ese día. Joe y Huck extrañan tanto sus casas que quieren volver. Tom los convence de quedarse. Esa noche una fuerte tormenta destruye el campamento.

Finalmente, el domingo se realiza el funeral y a la mitad de éste los muchachos hacen su entrada triunfal. En el colegio, Tom es considerado como un héroe y aprovecha este súbito éxito para desconocer a su enamorada Becky. Ya en casa, Tom le asegura a su tía que la quiere como a ninguna otra.

De vuelta en el colegio, comienzan los problemas. Becky, en plena previa de anatomía, hojea o copia el libro del rector y accidentalmente le arranca una página. Tom asume la responsabilidad y es castigado. No acaba de sufrir el castigo cuando resulta afectado de rociola y debe guardar cama.

Poco después comienza el juicio contra Muff Potter por el asesinato del Doctor Robinson. Tom finalmente dice la verdad. Injun Joe escapa. El chico está temeroso de las represalias que tome contra él el bandido. Al tiempo, con su amigo Huck, buscan un tesoro escondido posiblemente en una casa encantada. Dan con la cueva, pero ya alguien se les ha adelantado: es Injun Joe. El criminal está borracho y alcanzan a escuchar que va a matar a la viuda Douglas, esposa del juez que lo condenó. Huck le cuenta la historia al señor Welshman, vecino de la viuda Douglas.

Todo se complica, pues ahora han desaparecido Becky y Tom. La señora Thatcher y la tía Polly los buscan desesperadamente. Los chicos están encerrados en la cueva del tesoro y tratan de encontrar una salida. No tarda en verlos Injun Joe. Por fortuna, los dos muchachos logran escapar, mientras el pillo queda encerrado, atrapado por un derrumbe. Poco después Tom y Huck encuentran el tan anhelado tesoro. Lo reparten por partes iguales. Mientras tanto, la viuda Douglas se ha enterado de que quien la salvó fue Huck y se compromete a cuidarlo.

Posteriormente Huck escapa, pero accede a regresar cuando Tom le promete que lo incluirá en su grupo.

LISTA DE PERSONAJES

TOM SAWYER. Es un adolescente y personaje principal de la obra. Tom tiene una personalidad aventurera, llena de vida, en la que los sentimientos son fuertes y la imaginación desborda lo convencional. La pasión por el juego y la aventura llenan sus sueños. Generalmente vive feliz, pero se vuelve melancólico cuando la tía Polly lo regaña y Becky, su enamorada, lo rechaza. Tom es justo, noble, recursivo y considerado un líder por sus compañeros. Las restricciones y límites que colocan los adultos lo fastidian y por eso se la pasa haciendo bromas. Tom es vital, le encanta leer (aunque no ir al colegio), es solidario y arriesgado.

TÍA POLLY. Es la tía y guardián de Tom. Posee un noble corazón. Es una mujer sufrida pero no por ello amargada. Habla en tono fuerte y a veces satírico. Frecuentemente en sus diálogos acude a fragmentos de la Biblia que cita de memoria. Su preocupación es Tom y su educación. La tía Polly lo resiste aunque hay momentos en que la saca de quicio. Pero mutuamente se adoran.

MARY. Es prima de Tom y hace parte de la gente que vive con la tía Polly. Quiere y se preocupa por Tom.

SIDNEY. Es medio hermano de Tom. Por momentos se torna fastidioso, pues él representa todo lo contrario de lo que es Tom. Es una especie de adulto en pequeño y con frecuencia es considerado uno de los niños modelos de la comunidad. Aparentemente, siempre hace lo correcto, realiza bien sus oficios, obedece a sus mayores, nunca se escapa y se comporta en la iglesia. En realidad es vivo, manipulador y celoso de Tom.

HUCKLEBERRY FINN. Es un niño abandonado por su padre borracho. Duerme en las puertas de las casas y consigue comida donde puede. Usa ropa abandonada por los adultos (que casi siempre le queda grande) y casi nunca se baña. Es libre y hace lo que desea, pero al tiempo es visto como una amenaza por las madres del pueblo, que no le permiten a sus hijos jugar con él. Huck es supersticioso y conoce los "secretos" de la calle. De ahí que se lleven muy bien con Tom.

BECKY THATCHER. Es el amor de Tom: una adolescente bella e inteligente. Es la hija del juez Thatcher, una de las familias más importantes del pueblo. Becky es sensible, honesta y adorable, aunque a veces se vuelva egoísta, terca y vengativa.

JOE HARPER. Es el amigo más cercano de Tom. En sus actitudes e imaginación es muy similar a Tom. Es misterioso, pero bueno de corazón. Generalmente deja que Tom sea el guía de aventuras.

MUFF POTTER. Es el borracho del pueblo y el hombre que nunca hace nada bien. Tiene carácter débil lo que lo convierte en alguien relativamente fácil de manipular. Injustamente es acusado por Injun Joe de asesinar al doctor Robinson.

INJUN JOE. Es una figura siniestra que asesina, roba y toma lo que quiere. Además es inescrupuloso y es claro que no tiene conciencia de nada.

LA VIUDA DOUGLAS. Es la viuda del juez. Es una persona rica y generosa que le gusta entretener a sus amigas. Tiene un buen corazón y quiere ayudar al huérfano Huck. La señora es estricta en lo que se refiere al orden doméstico: comidas, iglesia, hora del sueño, juegos, etc.

SEÑOR JONES. Conocido como el señor Welshman. Es el vecino de la viuda Douglas. Vive con dos hijos y demuestra ser valiente en situaciones de peligro. Tiene un fuerte sentido de la justicia combinado con bondad, compasión y honestidad.

SEÑOR DOBBINS. Es el rector de la escuela pública. Tiene ínfulas de doctor, pero lo que siente en verdad es que está aburrido de enseñar. Es un hombre, por momentos cruel, que no pierde oportunidad para castigar a sus estudiantes.

RESÚMENES Y COMENTARIOS

Advertencia: por razones de espacio, los 36 capítulos que conforman la obra han sido reunidos en grupos para resumirlos y comentarlos.

CAPÍTULOS I AL V

Resumen

La historia comienza con una de las tantas travesuras de Tom. El chico ha estado comiéndose la mermelada y su tía Polly que le busca, lo descubre justo cuando huía de su escondite. El castigo es inminente, pero Tom en medio del trance le dice a la anciana que mire detrás de ella. La ingenua tía voltea a mirar y el muchacho aprovecha para escaparse. La tía Polly desconcertada sólo atina a sonreír.

El ingenio de Tom es tan extraordinario que parece tener siempre a mano un nuevo truco para salir de los apuros en que se mete. Ella está sorprendida y al mismo tiempo preocupada pues piensa que no está cumpliendo con su "deber" de criar bien al chico. Teme que se cumpla aquello que dice la Biblia: "Ahorra la vara y echa a perder al niño". Pero es que su dilema parece no tener solución satisfactoria pues, si lo perdona siente remordimientos, y si le pega su corazón se desgarra. Y, aunque sabe que "los viejos tontos son los mayores tontos que existen", no desfallece e intenta ganarle en astucia a Tom y reprenderlo como se debe. Como supone que Tom va a "hacer novillos" (faltar a clase) y que el día siguiente es sábado, día libre para todos los muchachos; planea castigar esta nueva pilatuna obligando al chico a hacer lo que más odia: trabajar.

Tom se ha divertido mucho y ahora está en casa. Durante la cena la tía Polly le hace un interrogatorio suspicaz del que Tom parece salir airoso. Pero es Sidney, su medio hermano, el que lo delata. Ha estado nadando esa tarde.

Tom huye no sin antes prometer que se las cobrará a Sid (Sidney). Al poco rato todo está olvidado y una nueva empresa concentra su interés, esta vez, aprende a silbar.

En un pueblo todo transcurre lento y monótono y San Petersburgo, el pueblo donde se desarrollan las acciones, no es una excepción. Cualquier extraño puede causar una conmoción y un malestar. Tom vislumbra a un muchacho que nunca antes había visto. El chico está vestido elegantemente, tiene modales refinados, parece un joven de ciudad. Esto mortifica a Tom,. que es todo lo contrario. En poco tiempo están viéndose frente a frente, injuriándose, dispuestos a darse de puñetazos. La ira es recíproca y aumenta a cada momento. Pronto los vemos envueltos en una riña colosal. Tom lo vence y el forastero hace su retirada, tan maltrecho como lo está Tom. El muchacho alcanza con una piedra a Tom que le persigue hasta su propia casa. Allí sale la madre del forastero y trata a Tom de "niño malo, vicioso y vulgar". Tom retorna a casa y es descubierto por su tía que, sin dudarlo, decide castigarle con un trabajo forzoso.

Ahora nos encontramos en plena mañana de un sábado esplendoroso. El ambiente veraniego "invita al ensueño y al reposo" y Tom está con un cubo de cal y una brocha frente a "¡Treinta yardas de valla de tablas de nueve pies de altura!" que debe blanquear. ¿Cómo se siente el pobre de Tom? Infeliz. La vida le resulta una carga. Pasa por allí Jim, el jovencito negro que hace los mandados y Tom trata de comprarlo con una canica para que pinte la cerca por él. La tía Polly que anda tan prevenida y alerta, saca volando a Jim con unos zapatazos en el trasero. Pero no todo está perdido. Tom ve venir a Ben Rogers, otro chico del pueblo, y se le ocurre la brillante idea de fingir que pintar una valla es lo más divertido e interesante que existe en la vida, es más, que sólo quien posee talento e inteligencia puede blanquear una cerca adecuadamente. Viéndolo se diría que se trata más bien de un artista creando su obra maestra. Qué interés, qué deleite y atracción finge Tom. Es inevitable. El chico cae seducido por la actuación del comediante. La astucia de Tom es increíble. Luego de insistir que le dejase pintar un poco y de reiterados rechazos de Tom, que lo que hacía era incrementar el deseo de Ben, vemos al chico blanqueando la cerca y a Tom, sentado, comiéndose una manzana que aquél tuvo que darle por permitirle pintar.

La inteligencia y astucia de Tom logra hacer de ese castigo una empresa divertida y benéfica. Son muchos los inocentes que caen en la trampa. Todos le dan algo a cambio y Tom resulta lleno de riquezas: canicas, una cometa, una rata muerta y un cordel para balancearla, una llave, un pedazo de tiza, el puño de un cuchillo... en fin, todo un montón de baratijas que ya tendrá ocasión Tom de utilizar en su provecho.

La tía Polly no sale del asombro. Frente a ella está Tom diciéndole que ya ha terminado su trabajo y que desea ir a jugar. Tom ha batido todos los récords. La cerca luce reluciente con sus tres capas de pintura. Un poco más y deja en la ruina a todos los del pueblo. Tía Polly no tiene otra cosa que aceptar que cuando el chico tiene ganas de trabajar lo sabe hacer. Además de los elogios le da unas manzanas como premio y le alecciona con su profundo sentido religioso "sobre el valor y la alegría de un regalo, cuando viene sin pecado, por un esfuerzo virtuoso". Al salir de casa Tom ve a Sid y le da unas pedradas y luego huye, satisfecho de ajustar cuentas.

Ya en la plaza del pueblo juega con su íntimo amigo Joe Harper a los militares. Los dos son los generales de dos contingentes que se enfrentan. Ellos no intervienen personalmente sino que dirigen las acciones, dan órdenes. Vence el ejército de Tom.

De regreso a casa descubre en el jardín de una casa a la que será la dueña de su corazón. Es un amor a primera vista, fulminante. Su novia Amy Lawrence desaparece de su corazón que es invadido por la presencia de aquél "nuevo ángel". Tom es un jovencito, y para llamar la atención de la encantadora niña hace toda clase de piruetas. La niña entra a su casa no sin antes arrojarle una flor. Tom recoge aquel tesoro y ronda la casa con la esperanza de volver a verla. Sin conseguirlo, de mal humor y lleno de fantasías retorna a casa.

Es tal la felicidad de Tom que no tiene interés en reñir ni delatar a Sid que acaba de romper la azucarera. Únicamente cuando su tía se dispone a pegarle creyéndole culpable del daño, dice la verdad. La tía Polly llena de remordimientos, desea decirle algo amable y cariñoso pero se abstiene; su corazón queda muy inquieto.

Tom por su parte rumia sus penas. Sabe que en el fondo su tía se "arrodillaría ante él" y siente "pena por esta satisfacción que le da saberlo". Se siente una víctima de la injusticia universal. Su tía es el blanco a donde van a parar sus resentimientos. Cuántas veces no hemos sentido algún recelo y como Tom hemos cavilado de la misma manera? El fragmento que describe el estado sicológico de Tom está muy bien logrado por Twain, veamos:

"Se imagina que se hallaba moribundo y que su tía se inclinaba sobre él implorando una palabra de perdón, pero él giraba su cara hacia la pared, muriendo sin pronunciar esa palabra. ¡Ah! ¿Cómo se encontraría entonces? Y se imaginaba que le llevaban muerto del río a casa, con sus bucles completamente mojados, sus pobres manos quietas para siempre y su corazón dolorido, descansando. ¡Cómo se echaría la tía sobre él y caerían sus lágrimas como lluvia y sus labios rogarían a Dios que le devolviera a su chico y nunca, nunca abusaría de él! Pero él yacería allí frío y blanco, no dando señales de vida, como un pobre y pequeño sufridor cuyas aflicciones habían acabado".

No había nada que le produjese tanto placer a Tom como el "acariciar sus penas" de esta manera. En medio de tan "agradable sufrimiento" y reprimiendo el llanto, piensa qué haría la chica. ¿Vendría a darle consuelo o se alejaría indiferente? Entrada la noche, Tom ronda la casa de su "adorable desconocida". Se tumba debajo de la ventana que no deja de mirar, con la flor marchita entre sus manos. Y, ¿si muriese allí, abandonado? En la mañana, cuando ella se asomara, lo descubriría y lloraría seguramente por una "vida segada tan a destiempo". Está en tales ensoñaciones cuando un baldado de agua cae sobre él. Y aunque sabe que ha sido Sid, no le riñe y guarda silencio. Es tal la conmoción interior de Tom.

Llega el domingo y como en todos los pueblos, en San Petersburgo es todo un acontecimiento social ir a misa. Pero antes de esto los chicos deben asistir a la escuela dominical. Tom piensa que es toda una mañana perdida. En realidad él detesta las dos cosas. Como todos los chicos del pueblo, Tom tiene que recitar de memoria versículos de la Biblia. Mary, su prima, tiene que ofrecerle un premio a fin de que el chico se los aprenda rápido. Tener que bañarse, vestirse con un traje ridículo (así piensa Tom), ponerse unos zapatos de charol... Tom es prácticamente obligado a hacerlo.

Sin embargo, ya en la escuela, Tom saca partido de la ocasión. Negocia las riquezas obtenidas con la pintada de la valla. Él las intercambia por vales de colores que traen citas de las Sagradas Escrituras. ¿Y dónde está el beneficio de este negocio...? Un vale azul es la recompensa por dos versículos dichos acertadamente; diez azules equivalen a un vale rojo; diez rojo sirven para conseguir un vale amarillo y, por diez amarillos el inspector de la escuela, Walters, da al alumno portador de dichos vales una Biblia. La entrega de un premio de estos es un acontecimiento "raro y notable", que despierta la admiración y la envidia de todos los chicos. Si bien el autor nos cuenta que muchos chicos se han granjeado una gran fama a punta de versículos, aparte del despliegue y esfuerzo mental que eso significa, nos dice burlonamente que ha habido chicos que después de tan colosal proeza han quedado convertidos en idiotas, eso sí, con cuatro o cinco biblias en su poder.

Aquel domingo sucede "la sorpresa más aturdidora de la década". En medio de la clase, en presencia de altas personalidades como el juez del condado, el letrado Thatcher, que está con su familia, Tom, con nueve vales rojos y diez azules pide una Biblia. El chico es elevado a la categoría de héroe y muchos de los muchachos, sobre todo los que habían colaborado para ese "odiado esplendor" de Tom, sintieron no sólo envidia sino amargura al verse víctimas del "engaño de una astuta culebra". Toda está muy bien, pero aquél prodigio de niño debe dar una muestra del por qué se ha hecho merecedor del premio. Es el juez Thatcher quien después de aleccionar sobre lo que vale el saber le pide a Tom que diga cuáles son los dos primeros discípulos... El chico responde: "¡David y Goliat!".

Tom es imparable, incansable en sus travesuras. En medio de la celebración de la misa a la que asiste lo más representativo del pueblo, Tom no haya qué hacer para soportar mejor el consabido sermón del reverendo Sprague. La gente cabecea, el aburrimiento es total a pesar de que el oficiante intenta atraer la atención de los feligreses. Tom saca su escarabajo "pellizquero". Comienza a jugar con él y, de repente, el insecto lo muerde. Tom arroja el insecto al piso. El bicho llama la atención de algunos desesperados fieles. Pero es un perro callejero quien se acerca a jugar con el escarabajo. Tom no hace nada en absoluto. De pronto, el perro lanza un aullido salvaje y sale disparado por las naves de la iglesia. Los allí reunidos casi explotan de la risa, el sermón pasa por un trance difícil... por fortuna llega la bendición. El más contento es Tom que encuentra que puede haber "alguna satisfacción en el servicio divino, cuando hay un poco de variedad en él". Lo único que estropea la fiesta de Tom es que el perro se haya llevado consigo a su "pellizquero".

Comentario

Un narrador omnisciente nos describe de entrada de una de las tantas diabluras cometidas por Tom Sawyer, el protagonista principal de esta divertida novela. ¿Qué mejor manera puede haber de presentarnos a este niño inteligente, pendenciero, fantasioso, osado y travieso, que haciendo de las suyas?

Inicialmente es un hecho típicamente infantil: comerse la mermelada a escondidas. La adorable tía Polly que anda como la sombra, detrás de Tom, lo descubre. Pero la picardía del chico es a toda prueba y con un viejo truco se escapa de la paliza.

Nos damos cuenta de que entre Tom y la tía Polly hay una especie de "estado de alerta". El chico saliendo de los apuros con algún truco y la amable anciana previniendo el próximo golpe de aquél. Vemos que la tía Polly, por momentos, se desconcierta. Y no es para menos. Ella anda como un guardia y el chico siempre logra hacerle una nueva trampa. Pero ella no desfallece, pues su mayor preocupación es la "buena" crianza de Tom. Como es tradicional en casi todas nuestras madres y abuelas, ella pone especial énfasis en la educación religiosa y no pierde ocasión para citar alguna frase aleccionadora de la Biblia.

Ante la astucia de Tom, la anciana trata de salirle al paso. Como está tan curtida de tanta travesura prepara la acción a seguir. Prefiere reprender al chico con algo que a él tanto le disgusta: trabajar. Pero en realidad el castigo está en que lo cohibe de algo que a él le gusta mucho... divertirse un sábado, cuando todos los chicos tienen el día libre. Aquí está representada una forma de castigo más sencillo y efectivo que una paliza.

También vemos que Tom es un chico descomplicado, nada convencional. Por nada del mundo desearía ser un niño modelo. Al contrario, él parece rebelarse contra todo lo que implica buenos modales, vestir pulcramente... su espíritu de libertad lo lleva a tener costumbres tan inusuales y sencillas como no salir por la puerta de la verja sin saltar la cerca.

Como a todo jovencito siempre algo nuevo atrae su interés, dejando de lado lo que hasta hacía poco era su gran empresa.

Una gran demostración de la inteligencia y la astucia de Tom es la forma como convierte un castigo en algo divertido y provechoso para él. Con estas cualidades Tom bien podría ser un gran negociante, un gran artista o un gran rufián.

Es interesante ver cómo gracias a este episodio el chico descubre, sin saberlo, "una ley fundamental de la conducta de los hombres" que para que alguien "desee ardientemente una cosa, sólo es necesario hacerla difícil de conseguir". El autor interviene en la obra diciéndonos que allí está la diferencia entre lo que es trabajo y diversión. El "trabajo es lo que el cuerpo está obligado a hacer". Y es verdad: ponle un salario a una diversión y ésta pierde su encanto y se convierte en un trabajo más. Para un rico puede ser divertido conducir un coche con pasajeros y es posible que rechace el pago de un salario; pero, para un pobre...

Aquella forma de obtener una conducta mediante la recompensa y que tanto suele mortificar a los que detestan la sicología, es frecuentemente utilizada por la tía Polly. El dar una gratificación, un premio ante las acciones correctas o deseadas no deja de ser una forma ingeniosa de guiar a un chico... con inteligencia y tacto es preferible que el castigo físico. Sin embargo, Twain parece burlarse también de todo esto, al mostrarnos esas gratificaciones recibidas inmerecidamente, a través de trampas como lo logra Tom. Recordemos cuando la tía le da las manzanas al chico por su "trabajo" realizado. Twain hace decir a la anciana elogios. También la religión aparece aquí satirizada, cuando la tía Polly habla "sobre el valor y la alegría de un regalo, cuando viene sin pecado, por un esfuerzo virtuoso".

Tom es un muchacho alegre, se podría decir que feliz, tanto como el mundo de los niños, frecuentemente irreflexivo y distante de los complejos problemas del mundo de los mayores, lo permite. Sin embargo, Tom tiene los dilemas y contradicciones propios de un muchacho. Vemos como se pone triste cuando su tía Polly casi le castiga injustamente. Siente pena de que él sea la oveja negra a la que se le achaca la culpa de todo. Twain describe ese estado de recelo y de ingenua venganza magistralmente. Es de advertir que como todos los que hemos sido niños, alguna vez ante alguna contrariedad afectiva, sea familiar, amistosa o amorosa hemos cavilado nuestras penas con esa voluptuosidad que Twain llama "agradable sufrimiento" o "triste felicidad". La melancolía da para todo: un poema, una novela, una carta, un suicidio o una muerte imaginada. En Tom es frecuente la idea del suicidio, por el sólo hecho de deleitarse con la pena irreparable y el remordimiento que esto causaría a su tía Polly o a la "encantadora desconocida". Pero no hay nada malsano en esto. Es una ensoñación normal y candorosa de nuestra adolescencia, que por lo general no pasa de ser un arrebato de héroe romántico e irresponsable. ¿Cuántas veces siendo niños, y en ocasiones en la edad madura, no hacemos el papel de víctimas de toda la injusticia, la incomprensión y el desamor de los seres más cercanos e incluso del mundo? Ahí estamos retratados en el melancólico Tom.

Twain es talentoso, pues relaja aquella tensión con el baldado de agua que le echa Sid a Tom.

Otro aspecto para tener en cuenta es la manera como Twain tipifica en San Petersburgo, al pueblito con sus costumbres, sus provincianismos, su prejuicios y sus ínfulas. A la misa se dan cita todos los personajes propios de cualquier pueblo: "El administrador de correos, anciano y necesitado, que había conocido mejores tiempos; el alcalde y su mujer (pues tenían un alcalde, entre otras cosas innecesarias); el juez de paz; la viuda de Douglas, rubia, elegante y cuarentona, alma generosa y de buen corazón, acomodada, con su caserón en la colina... el abogado Riverson, personaje recién llegado de lejos. Seguía la bella del pueblo, perseguida por una tropa de don juanes vestidos de batista y cubiertos de cintas; luego venían en corporación los jóvenes empleados de la ciudad, que habían estado chupando en el vestíbulo los pomos de sus bastones y formando una muralla circular de admiradores parlanchines y de sonrisa simple, hasta que la última chica hubo pasado por las baquetas; y en último lugar venía el niño modelo, Willie Mufferson, cuidando atentamente a su madre como si fuera de cristal rompible...". El tono burlón de Twain es evidente.

Twain es considerado un gran humorista, especialmente un maestro de la sátira, el humor negro. La religión y la educación impartida bajo el predominio de aquella son frecuentemente el blanco de su mordacidad. Para mostrarnos la conmoción y el fingimiento que provoca la llegada de un personaje importante, describe esa diligencia provinciana y servil de los subordinados ante la autoridad, veamos lo que sucede cuando están presentes ante el "gran juez Thatcher":

"El señor Walters pretendía llamar la atención con toda clase de bullicio y actividades oficiales, dando órdenes, emitiendo juicios, disparando consejos aquí, allí y en todos los sitios donde podía encontrar un blanco. El bibliotecario se daba tono corriendo acá y allá con los brazos llenos de libros y la clase de ruido y escándalo que encanta a las autoridades insignificantes. La joven maestra se daba importancia inclinándose dulcemente sobre los alumnos que habían sido vapuleados poco antes, levantando tímidamente el dedo como advertencia a los chicuelos malos y dando cariñosamente palmaditas a los buenos. ...Las niñas pequeñas se daban tono de varias maneras y los chicos pequeños se daban importancia con tal diligencia, que el aire estaba denso de tacos de papel y del murmullo del revoloteo. Y sobre todo estaba el gran hombre, irradiando una sonrisa majestuosa y judicial sobre toda la casa, y calentándose en el sol de su propia grandeza, pues también se estaba dando importancia".

La religión que aparece como algo substancial para San Petersburgo, también es tratada con ese humor negro. La oración del reverendo Sprague es descrita de esta manera:

"...abogaba por la iglesia y los pobres, pequeños niños de la iglesia, por las otras iglesias del pueblo, por el mismo pueblo, por el país, por el Estado, por los funcionarios del Estado, por los Estados Unidos, por las iglesias de los Estados Unidos, por el Congreso, por el presidente, por los funcionarios del gobierno, por los pobres marineros, a merced de los mares tempestuosos, por los millones de seres oprimidos, gimiendo bajo el tacón de las monarquías europeas y el despotismo oriental. Por los que tienen la luz y la buena nueva, pero al mismo tiempo no tienen ojos para ver ni oídos para oír, por los paganos en las lejanas islas del mar..."

CAPÍTULOS V AL VIII

Resumen

Es lunes y Tom está desdichado pues comienza una semana de clases. El chico finge estar enfermo de un dedo del pie. Finalmente, aunque es descubierto por su tía, logra quedarse en casa a cambio de la extracción de uno de sus dientes.

Luego vemos el encuentro de Tom con Huckleberry Finn. Este chico, hijo del borracho del pueblo, vive en la calle. Es odiado y admirado por las madres de San Petersburgo; y envidiado y admirado por todos los chicos respetables del pueblo. Huck, como le llaman quienes lo conocen, viste ropas usadas de adulto. Va y viene según su voluntad. Duerme en los umbrales de las puertas. No está obligado a ir a la escuela ni a bañarse. Según la opinión de los chicos respetables como Tom: "el chico poseía todo lo que hace la vida preciosa".

Huck no tiene educación y conoce y cree en muchas supersticiones. Tom a pesar de ser educado, también se interesa por el tema. Precisamente Huck trae un gato muerto que según él sirve para curar las verrugas. Tom le asegura que conoce otros remedios infalibles, como por ejemplo, "el agua de yesca", o una habichuela. Pero Tom que siempre quiere estar al tanto de todo, le pide a Huck que le explique cómo se utiliza el gato muerto. La explicación de Huck alude a muchos de los prejuicios e imaginerías que dan consistencia a la superchería, tan sugestiva y creíble para los niños y las personas de poca educación, veamos:

"—Bien, coges tu gato y lo llevas al camposanto, por la noche, cuando haya sido enterrado alguien que era malo; y a medianoche vendrá un diablo, o dos o tres, pero no los puedes ver; sólo puedes oír algo como el viento, o puedes quizá oírlos hablar, y cuando están llevándose a ese muerto, les echas el gato encima y dices: «Diablo sigue al cadáver; gato, sigue al diablo; verruga, seguid al gato; ¡esto ha acabado contigo!»".

Tom quiere estar presente en la prueba, que será esa misma noche. Luego, Tom cambia el diente que le había extraído su tía por una garrapata que trae Huck y cada uno sigue su camino.

Aunque tarde, Tom entra a clase. Su irrupción despierta al profesor. El sólo escuchar "¡Thomas Sawyer!" le indica que habrá tormenta. El profesor le pregunta dónde ha estado y Tom, que iba a mentir, desiste al descubrir a la chica de sus sueños que, junto a ella, tiene un asiento libre, del lado de las chicas. Entonces el chico responde con firmeza: «Me paré para hablar con Huckleberry Finn». ¿Será que el chico está loco de remate? Piensan perplejos los alumnos. El profesor rojo de la ira le pega *hasta sentir cansado el brazo*. Y para que coja escarmiento lo manda a sentar junto con las chicas. Ahora entendemos lo que acaba de suceder, pues Tom que se ha sentado junto a la chica, empieza a enamorarla. Le ofrece un melocotón y mediante su pizarra le dice que lo tome. La chica se muestra indiferente. Tom dibuja algo en la pizarra sin dejarlo ver de la chica, que poco a poco no puede ocultar su curiosidad. Finalmente ella le pide que le deje ver lo que ha dibujado.

Aunque no se trata de una obra de arte, la chica quiere aprender a dibujar y Tom promete enseñarle esa tarde. Se dan los nombres y nos enteramos que ella se llama Becky Thatcher, nada menos que la hija de una de las familias más distinguidas del pueblo. Luego, Tom vuelve a su pizarra y la chica nuevamente le pide que le deje ver. Después de un dulce intercambio de ruegos y negativas, Tom le muestra lo que ha escrito en la pizarra: "Te amo". Becky se ruboriza y no parece estar molesta. En este instante, Tom es llevado de una oreja a través de las risas y los murmullos de la clase hasta su propio asiento. Pero ya nada importa. Tom está dichoso. El resto de clases sólo sirven para mostrar el "desorden interior" que agita al enamorado Tom.

Tom espera con ansiedad la hora de la cita. Para no desesperar saca la garrapata y se pone a jugar con su entrañable amigo Joe Harper. Entregados al juego terminan discutiendo y son sorprendidos por unos golpetazos en sus espaldas. ¿Qué importa eso?, es la hora de la salida y Tom acude al encuentro con Becky.

Y aquí tenemos a Tom sosteniendo la mano de Becky, que se deja guiar por su maestro de dibujo. Hablan de sus gustos, comparten un chicle, Tom le confiesa que cuando grande va a ser payaso de circo, ya que en los circos, a diferencia de una iglesia, "pasan cosas". Entonces Tom le explica lo que representa un compromiso de enamorados: "Sólo dices a un chico que nunca tendrás a nadie más que a él, nunca, nunca, nunca; y luego le besas, y eso es todo". Ahora Tom le pide a la chica que se comprometan. El pasaje es tierno, inocente, lleno del pudor de dos corazones que se asoman por primera vez al amor:

"Ahora susúrrame tú lo mismo.

Ella se resistió un momento y luego replicó:

—Gira el rostro a un lado, de forma que no te pueda ver, y en seguida lo haré. Pero nunca tienes que contarlo a nadie. ¿Verdad, Tom? ¿Verdad que no lo harás?

—No, de verdad que no lo haré. Anda, Becky...

Él volvió la cara. Ella se inclinó tímidamente hasta mover con su aliento los rizos del chico y susurró:

—¡Te... quie... ro...!

Entonces salió corriendo, dando vueltas y vueltas a los pupitres y los bancos con Tom detrás de ella, y finalmente se refugió en una esquina, llevándose su delantalito blanco a la cara. Tom la agarró por el cuello e insistió.

Ahora, Becky, todo ha pasado; todo... menos el beso. No te asustes por ello... Al fin y al cabo, no es nada. Por favor, Becky...

Poco a poco ella cedió y dejó caer las manos; su rostro, ardiente por la lucha, se levantó y sometióse. Tom besó sus rojos labios...".

Y luego de prometer que nunca se dejarían de amar, es el propio Tom quien comete una imprudencia involuntaria. Menciona a Amy, su novia anterior y Becky, al ver que ella no es la primera enamorada de Tom, siente que el corazón se le desgarra. Por más que Tom trata de calmar el llanto de la niña, ella lo rechaza. Herido en su orgullo, sale del salón sin rumbo fijo.

Nuevamente vemos a Tom melancólico. Deambula por callejuelas. Lo han "tratado como a un perro" cuando había tenido las mejores intenciones, ¡Oh, si pudiera morir sólo temporalmente!". ¿Qué pasaría si se marchase lejos para nunca más volver? Pensó. La idea de ser payaso le era odiosa pues chocaba con su espíritu exaltado al romanticismo. ¿Sería soldado? o ¿un gran indio? Ya está decidido, será lo más grandioso de este mundo ¡Un pirata! Haría estremecer el mundo y un día llegaría lleno de fama a su pueblo, en medio de la admiración y el respeto de sus compañeros. En la mañana se marcharía de casa. Luego prueba una superstición y como no le da resultado, concluye que debe ser una bruja la que ha estropeado el encanto. Y enseguida, ya está Tom simulando ser Robin Hood, se hace a una espada de madera y aparece Joe Harper; juntos imaginan que son bandidos buenos que luchan por los débiles, ostentando altos ideales.

Comentario

Si tenemos en cuenta que Tom es, como todo niño, un travieso incansable que le gusta sobre todo las aventuras y el juego, entendemos que odie tanto ir a la escuela y a la iglesia, simplemente porque allí son pocas las posibilidades de satisfacer sus ansias y gustos infantiles. Sin embargo, también como todo chicuelo, es recursivo y dotado de una ilimitada imaginación. Siempre encuentra algo con que pasarla bien. Inventa cualquier cosa con tal de no ir a clase, como fingir estar enfermo. En esto, es un verdadero comediante, aunque eso poco le interesa.

Por otra parte, Huckleberry Finn, el niño abandonado, representa, como es usual una amenaza para las madres. Para ellas, y es verdad, es un holgazán vulgar. Pero no es tan malo como ellas creen. En realidad él es una víctima de la pobreza y el desamor. Su absoluta libertad es la envidia de todos los chicos que están cansados del encierro estricto que ejercen sus madres. Huck, en estas circunstancias, ¿qué no puede representar para chicos como Tom?... Todos los chicos quieren ser como él y esto es lo que molesta a sus prejuiciadas madres, que temen que sus hijos dejen de ser unos "chicos buenos" y "respetables". Este Huck inocente, ignorante, al que tienen prohibido juntarse con los demás chicos, bien puede ser el chiquillo andrajoso, hambriento, solitario que vemos en las calles de nuestras ciudades. Es tal el prejuicio social, que cuando Tom le dice al profesor que ha estado hablando con Huck, es castigado severamente por considerar que ha cometido una gravísima falta, una locura.

Encontramos también en estos capítulos, uno de los temas frecuentes en toda la obra: la superstición. Tom y Huck se identifican en esto, a pesar de que Tom es estudiado, cree firmemente en ello. El episodio en el que hablan de curar las verrugas con un gato muerto es magistral, pues contiene todas las características de este tipo de cosas. Es tal el arraigo de la superstición que Tom, que deambula melancólico, actúa mecánicamente bajo su influjo. Por ejemplo, cuando cruza dos o tres veces el arroyuelo para despistar a los posibles perseguidores. Quienes hemos recibido una educación bajo estrictas normas religiosas y hemos sido intimidados bajo la amenaza de ser cargados por el diablo, recordamos los temores y la superstición que nos invadía en nuestros años juveniles. ¿Qué podremos decir de quienes han vivido su infancia en un pueblo, donde el dominio de la superstición es total?... allí están las brujas, los aparecidos, los fantasmas, los presentimientos y la fantasía sugestiva que rodea al supersticioso.

Por último, debemos hablar de una de las cuatro historias que Twain recrea en la novela: el enamoramiento de Tom y Becky. Mediante esta historia recordamos nuestros amores juveniles. El amor a primera vista... el primer gran amor... el primer beso... el primer sufrimiento... Estos dos chicos enamorados son universales... al verlos recordamos con nostalgia el tiempo ido, lo que pudo haber sido y no fue... las mujeres que en ciernes nos enseñaron, nos permitieron acercarnos al amor. Las promesas de un amor juvenil que serán siempre para quienes lo viven, lo más grandioso, bello y verdadero; así después se considere que todo fue un "capricho pasajero", están descritas con sencillez y exactitud por Twain:

Después de los besos...

"—Ahora todo está ya hecho, Becky. Y después de esto, ¿sabes?, no debes querer nunca a nadie más que a mí, y no debes casarte nunca con nadie más que conmigo; nunca, nunca, para siempre. ¿Quieres?

No, no querré nunca a nadie más que a ti. Tom, y nunca me casaré con nadie más que contigo, y tú no te has de casar nunca más que conmigo, tampoco..."

Lejos de las experiencias de los mayores, este amor de adolescentes no tiene prevenciones, ni temores. Es pureza y candor...

"¡Claro! Ésta forma parte del pacto. Y, siempre que vengas a la escuela o cuando te vayas a casa, tienes que ir conmigo, cuando nadie esté mirando... Y me escogerás a mí, y yo a ti, en las fiestas, pues esto es lo que se hace cuando se está comprometido".

Esta inocencia del primer amor... de los comienzos de cualquier amor sincero e intenso es lo que a los mayores, con frecuencia, curtidos por la reincidencia de las ilusiones y las decepciones añoran con nostalgia, arrancándoles suspiros y lágrimas; y es posible que los escuchemos decir... ¡Ah, tiempos aquellos"...

Y también vemos a la niña con el "corazón desgarrado", cuando apenas llevan unos instantes de felicidad... pelean. Tom vuelve a caer en la melancolía al ser rechazado por Becky. Nuevamente este espíritu inmaduro "acaricia sus penas"... Es un chico y al poco rato ya está jugando a ser "Robin Hood"... Vemos que Tom tiene nobles sentimientos. Es un romántico empedernido que ama la vida. Sueña con ser un héroe que redime al mundo. Para él como para Joe Harper es incuestionable que es mejor "ser un forajido un año en el bosque de Sherwood (donde ocurren las hazañas del justiciero de los pobres: Robin Hood) que ser presidente de los Estados Unidos para siempre".

CAPÍTULOS IX AL XII

Resumen

Ahora estamos en la oscuridad llena de figuras, ruidos y temores siniestros. Tom no puede conciliar el sueño. Las escaleras crujen y el tic-tac del reloj lo estremece; pues sabe que cuando esto sucede "alguien tiene los días contados". Un perro aúlla. El desespero concluye cuando llega la hora de levantarse para ir con Huck al cementerio, a comprobar lo del gato muerto.

Twain descubre un típico cementerio de esos que vemos en las películas de terror. El susurro del viento asusta a los chicos. Tom teme que sean los espíritus de los difuntos que se quejan por ser molestados. De pronto escuchan voces, ven unas siniestras figuras y una luz. El terror se apodera de ellos, pero se sobreponen con toda clase de esperanzas inútiles... quizás esos espíritus no puedan ver en la oscuridad... Tom dice que es el fuego del diablo. Todo resulta ser una confusión... Se trata de tres conocidos de los muchachos que están allí cavando una tumba: Muff Potter, el borracho del pueblo, el Dr. Robinson, médico del mismo y el temible indio Joe (Injun Joe). Pero el alivio duró poco pues lo más macabro ocurre cuando son testigos del crimen que allí se lleva a cabo. El indio Joe cobra una vieja deuda al Dr. Robinson asesinándole. Como el viejo Muff Potter está ebrio, el indio Joe aprovecha para ponerle en su mano la navaja con que se ha cometido el delito. Cuando el viejo Potter reacciona, todavía bajo los efectos del alcohol, el indio Joe lo culpa del asesinato. Muff Potter está aterrado. Nunca antes había utilizado en una riña un arma. Piensa que todo se debe a los tragos. Desesperado, le ruega al indio que no le cuente a nadie. Joe se lo promete y el pobre viejo huye, olvidando la navaja.

El miedo que provoca a los chicos suponer que el malvado indio Joe puede matarlos por lo que saben, los lleva a jurar por toda la eternidad, pase lo que pase, que jamás dirán una palabra de lo que han visto. Para mayor garantía sellan el juramento con un pacto de sangre y algunos conjuros. Están en una casa reponiéndose del susto cuando ven "un perro vagabundo". Según la superstición si el animal se queda mirando a algún cristiano de seguro que a los pocos días el hombre se muere. Los chicos se arrepienten de sus pilatunas y prometen ser juiciosos. Para su tranquilidad, el perro olfatea a Potter que yace tendido cerca de donde están los muchachos.

Tom regresa a casa en la madrugada. La tía Polly se entera de que ha pasado la noche fuera. Lleno de presagios y sintiéndose culpable cree que va a ser castigado, pero no es así. La tía Polly rompe en llanto. Le dice que siga así, por el camino de la perdición, mientras que ella de tanto sufrimiento posiblemente vaya a la tumba. Esto es peor que mil azotes. Tom llora y pide perdón, promete enmendarse. Tom se siente culpable y para colmo de males, encuentra en su pupitre el boliche de latón que él le había obsequiado a Becky... la desdicha del chico es total.

La noticia del asesinato conmociona a San Petersburgo. Muff Potter es capturado y acusado por el malvado indio Joe. El pobre viejo está perdido. Tom y Huck que han visto cómo el verdadero criminal ha dado su testimonio bajo juramento, están admirados del cinismo y la sangre fría de aquel siniestro personaje. Los muchachos deciden vigilar los movimientos del indio Joe. Pero el terrible secreto de Tom y el remordimiento de conciencia perturba sus sueños. Teme que en cualquier momento, mientras duerme, por ejemplo, se descubra lo que sabe. Quienes conviven con él notan el misterioso cambio de Tom, pues parece muy reservado y concentrado en sus soliloquios. Por otra parte, Becky había dejado de ir a la escuela. ¿Estaría enferma? ¿Moriría? Esto absorbe el interés de Tom... se le ve abatido. Ya no le gusta ni la guerra ni la piratería. Es tal el cambio ocurrido en Tom que la tía, preocupada, decide probar con toda clase de medicamentos. Pronto el mismo Tom, aburrido de ese arrebato romántico, encuentra la manera de salir de su letargo. Aprovecha el "quita-dolor" que le ha dado a tomar su tía y le suministra una dosis al gato. El pobre animal maúlla y salta como loco. Tom ríe a carcajadas. Cuando su tía lo va a reprender, Tom le hace ver que el tal remedio era una crueldad para él. La anciana siente remordimiento, pero reconoce que lo ha hecho con buena intención.

Un día encuentra a Becky en la escuela, él trata de hacerse notar con toda clase de monerías. Sin embargo, sólo consigue un nuevo desplante de Becky que dice no hallar nada gracioso en la ostentación de Tom. Rojo de la pena se marcha.

Comentario

En estos capítulos encontramos otra de las historias importantes de la novela: el asesinato que comete el indio Joe y que por una funesta casualidad Tom y Huck presencian. La historia es muy sugestiva, pues contiene todos los ingredientes propios de las narraciones de terror que tanto interesan a los jóvenes: el ambiente de un cementerio a medianoche, los temores que se agitan en el pecho de los dos chicos, la creencia de que existen almas errantes en pena y la confusión que por un momento parece comprobar la existencia del mismo diablo. El episodio del crimen como es obvio estremece a los chicos. Nuevamente la superstición juega un papel importante. Twain no cesa de tratar el tema con su característico humor negro. Tom llega a pensar que todo se debe a sus pilatunas y se siente culpable. Vemos que Tom extiende el sufrimiento de su tía. Llora y pide perdón y promete enmendarse. Tom no es malo. Sus sentimientos son nobles. Como todo chico anhela ser amado y reconocido. La tensión que le provoca el horrendo crimen y la tristeza que siente por su tía y el rechazo de Becky, provocan una alteración en su estado anímico. La melancolía y el cargo de conciencia por callar lo que sabe lo confunden por un buen rato. Sin embargo, Tom es un chico, aunque lo vemos preocupado por los sentimientos de los demás, su tía, el viejo Potter que está en la cárcel y al que le lleva cada día algún regalo, en parte para atenuar sus remordimientos, vuelve a realizar otra diablura con el gato de la casa.

De otro lado, el haber conocido a un hombre como el indio Joe le causa mucho interés... Todas estas experiencias agitan el espíritu de este chico que está pisando los umbrales de la adolescencia. Ya tendrá ocasión de demostrar que es responsable, justo y sincero.

CAPÍTULOS XIII AL XX

Resumen

Tom está triste y desesperado. Piensa que está solo en el mundo. Sin amigos, sin nadie que le quiera. ¿Tomaría la vida del crimen? Según él a eso lo habían obligado quienes decían quererlo. Justo en este momento llega Joe Harper que también viene con la cara larga, pues su madre le ha castigado. Los dos chicos se cuentan sus penas. ¿Qué harían si supuestamente nos les querían en casa? Deciden ayudarse y ser como hermanos y no separarse nunca. Joe sería en un futuro ermitaño y Tom viendo las ventajas de una vida dedicada al crimen, asegura que será pirata.

Pronto se les une Huckleberry que era indiferente a cualquier proyecto. Se reúnen a la orilla del río Mississipi a medianoche dispuestos a zarpar en una balsa rumbo a la isla de Jackson, situada al otro lado del río y deshabitada. Allí darían su primer golpe de piratería. En sus corazones ya se vaticinaba la gloria que representaría el "que muy pronto la ciudad oiría algo"...

Tom es ahora "el Tenebroso Vengador del Continente Español". Huck Finn, el "Manos Rojas", y Joe Harper, el "Terror de los Mares". Todos estos nombres son dados por Tom que los sacaba de sus lecturas favoritas. Hablan con claves, la contraseña es la palabra "¡Sangre!". Y ya tenemos a estos forajidos precoces empuñando espadas imaginarias y dando órdenes rumbo a la gran aventura. Desde la embarcación miraron por última vez la ciudad como si se despidieran de todos los placeres y pesares que allí habían vivido. Tom deseó que su enamorada le hubiese visto, encarando el peligro y la muerte con serenidad y con una amarga sonrisa.

Ya en la isla de Jackson, prendieron una fogata, cenaron con las provisiones que cada uno había robado de su casa. Una sensación de bienestar embargaba sus almas. Esta clase de vida es la que Tom añora, pues sintetiza eso que a un chico como él tanto gusta. Por eso dice: "Ésta es justamente la vida que me va a mí... No tienes que levantarte por la mañana y no tienes que ir a la escuela, ni lavarte, ni todas estas malditas tonterías".

Antes de dormir, rezaron sus oraciones y sintieron un peso en la conciencia, pues reconocían que habían robado, recordaron el mandamiento que prohibía tal cosa y prometieron que excluirían de la piratería el "crimen del robo".

En la mañana prosiguieron su aventura. Exploraron la isla, hablaron sobre otras cuantas supercherías y sintiendo la soledad y la nostalgia de sus hogares fueron sorprendidos por un barco. Qué regocijo embargó el corazón de los chicuelos; pues los andaban buscando. Se sintieron héroes, pues los echaban de menos, sufrían por ellos. Pensaron que ser piratas era lo máximo. Los chicos no dejan que los descubran. El vapor retorna al pueblo. Saber que eran el motivo de una "angustia pública" les producía placer. Pero en la noche llegan las dudas. Piensan que sus familiares deben estar tristes. La nostalgia los confunde. Por poco desisten de su aventura. Pero es Tom quien les da confianza. Al rato, Tom se levanta. Sus compañeros duermen. ¿Qué nuevo plan tiene este muchacho? Toma cortezas de árbol y escribe algo. Deposita esto en el sombrero de Joe, junto con algunas chucherías y se dirige, sin despertarlos, río arriba.

Con el sigilo y la destreza de un gato, Tom penetra a la casa de su tía. Allí están reunidas la tía Polly, Mary, Sid y la madre de Joe Harper. Tom escucha los dolorosos lamentos de su tía y de la madre de Joe. Ellas se culpan de la desaparición de los chicos. Piensan que fueron muy duras con ellos y piden al cielo que no estén muertos. Tom llora al ver a su tía cómo implora por él. Ya entrada la noche Tom da un beso a su tía que duerme y, regresa al campamento. Allí los muchachos especulan sobre si Tom ha desertado. Éste aparece y les cuenta lo que está sucediendo en el pueblo. Los dan por muertos y piensan mandar brigadas de búsqueda. Los tres están orgullosos.

Al otro día caminaron, jugaron al circo, jugaron canicas y ya en la tarde volvió a apoderarse de ellos la nostalgia. Tom escribió el nombre de Becky en la arena, borrándolo en seguida. Nuevamente les entra el malestar y Joe Harper y Huck desisten de la empresa. Tom se queda por un rato solo con su orgullo. Los alcanza y los convence de que se queden. Los chicos aprenden a fumar pipa, guiados por Huck. Preparan la cena y se acuestan.

A medianoche cae una tempestad que parece borrar del mapa aquella isla. Los chicos deben buscar refugio y por poco perecen fulminados por los rayos. Después de esta inesperada circunstancia se dedican a jugar a los indios.

Mientras tanto, en San Petersburgo hay un ambiente lúgubre. Las campanas de la iglesia llaman a la misa del domingo; pero no hay tranquilidad. Se van a llevar a cabo los actos religiosos en memoria de los desaparecidos. Todos recuerdan a los chicos. Becky solloza y se arrepiente de haber rechazado a Tom. Nunca antes había estado tan llena la iglesia. Los familiares de Tom y de Joe Harper, lucen consternados, de riguroso luto. Durante la ceremonia el ministro hace alusiones conmovedoras a los desaparecidos. El patético relato hace llorar a toda la congregación. Y de repente, se abre la puerta de la iglesia y hacen su entrada Tom, Joe y Huck.

Tía Polly, Mary y los Harpers se arrojan sobre ellos llenándoles de besos y bendiciones. Hasta Huck es bienvenido. Tom vio la envidia que despertaban en los demás chicos y concluyó "que éste era el momento más orgulloso de su vida". Este había sido el secreto plan de Tom, asistir a sus propios funerales. Tanto se habló de aquel suceso, tanto fueron halagados por las alabanzas, que Tom y Joe se volvieron unos engreídos insoportables.

Este momento de gloria es aprovechado por Tom para mostrarse indiferente con Becky Thatcher. Le hace sentir celos con su antigua novia Amy. Becky hace lo mismo con un amigo de la escuela. Sin embargo, los dos sufren por el daño que se hacen mutuamente y el único consuelo que les queda es que tal vez uno haya sufrido más que el otro.

Entre tanto la tía Polly descubre que Tom había estado en casa aquella noche en que ella tanto había sufrido de dolor y de remordimiento, al creerlo muerto. Lo recrimina, pues piensa que no tiene corazón al hacerle tales cosas. Sin embargo, la tía vive un momento muy feliz al enterarse de que el chico le había dado un beso mientras ella dormía. Está tan conmovida que sería capaz de perdonar al chico "aunque hubiera cometido un millón de pecados".

Comentario

En estos capítulos se narra otra de las historias fundamentales de la obra: la incursión que hacen Tom, Joe Harper y Huck a la isla de Jackson. Esta historia nos muestra un choque de sentimientos diversos y complejos que finalmente culmina con un desenlace feliz.

En primer término encontramos los sentimientos que afloran a raíz de un conflicto familiar. Tom y Joe Harper que acaban de sufrir un altercado con sus familias se identifican con el sentimiento de incomprensión y desamor que les embarga. El malestar y el resentimiento que provocan las restricciones que imponen los adultos a los jóvenes los convierte en los seres más miserables de la Tierra. La tensión interior es tan crítica que la reacción es extrema y vital: Tom y Joe deciden marcharse de casa. Y aunque el resentimiento les hace regodearse con la angustia y el remordimiento que ocasionan a sus seres queridos, estos chicos se apiadan y añoran estar en sus hogares. El reencuentro es conmovedoramente feliz y apoteósico. Finalmente presenciamos una tierna escena entre Tom y la tía Polly, donde constatamos el profundo amor filial que se profesan.

Pero detengámonos un poco e ingresemos al mundo de la ensoñación. ¿Puede haber algo más divertido y fascinante para unos chicuelos que hacer realidad sus fantasías? Aquí vemos a Tom que como siempre comanda la realización de una de ellas: ser famosos, ser héroes. Estos espíritus románticos sueñan con redimir al mundo. Desean ser "forajidos" buenos, como Robin Hood, el justiciero de los débiles. Y si han escogido "la piratería" es porque esa palabra encierra todo un mundo de hazañas con las que sus fantasiosos e intrépidos espíritus sueñan llenarse de gloria. La nobleza de sus sentimientos y su natural ingenuidad les hace sentirse en paz cuando excluyen de "la piratería" el ruin "crimen del robo".

También vemos cómo la admiración y la envidia que despierta su aventura los llena de vanidad; pero, como suele ocurrir en estos casos, tanta ostentación y arrogancia los convierte en unos seres caprichosos y detestables. Recordemos lo que hace Tom con Becky.

De otra parte, la amistad entre Tom y Huck es verdadera. Cuando son recibidos como héroes, Tom, que es justo, pide que se le dé el mismo trato a Huck.

Por último, vemos como Twain logra representar con San Petersburgo al típico pueblito americano. La gente que lo habita es solidaria. Todos se conocen y siempre están dispuestos a colaborar cuando la situación así lo requiere. Así pues, la desaparición de los muchachos provoca una verdadera "angustia pública". Rápidamente el pueblo se organiza en brigadas de búsqueda.

CAPÍTULOS XXI AL XXIII

Resumen

Tom busca reconciliarse con Becky que sigue ofendida. La buena suerte de Tom le brinda la ocasión que le llega como anillo al dedo. El señor Dobbins, maestro de la escuela, posee un misterioso libro de anatomía que suele leer delante de la clase y que nunca deja ver a sus alumnos. Éstos por supuesto guardan una obsesiva curiosidad por saber qué es lo que contiene aquel libro que el maestro esconde en su escritorio con tanto celo. Becky, que está sola en el salón, advierte que el señor Dobbins ha olvidado la llave y no resiste la tentación. Echa una ojeada al libro y justo cuando se detiene a ver una lámina de un cuerpo humano desnudo, Tom entra al salón. Becky rompe la lámina al tratar de ocultar el libro. La chica cree que como están las cosas, Tom muy probablemente la delate. La angustia de la chica es extrema cuando el maestro descubre lo sucedido y empieza a interrogar a los alumnos. El pánico aumenta a medida que el furioso maestro pregunta a cada alumno si ha sido el culpable del daño. Becky está perdida. Tom busca la manera de ayudarle. "Becky Thatcher... ¿Rompiste este libro?" Ella va a confesar cuando Tom se levanta de su silla y grita: "¡He sido yo!". Toda la clase queda perpleja ante esta locura increíble. Tom, sin proferir un solo grito, recibe el castigo más despiadado que jamás hubiera dado el señor Dobbins. La sorpresa, la gratitud, la adoración que Tom ve en los ojos de su amada, recompensan con creces el castigo recibido. Esa noche, en su lecho, Tom saborea las últimas palabras que le dijese Becky: "—¡Tom! ¡Cómo pudiste ser tan noble?".

Los exámenes finales se acercan y al maestro Dobbins se torna aún más severo. La tiranía es tal "que los niños pequeños pasan el día entre el terror y el sufrimiento, y las noches traman venganza".

Justamente es la noche del examen la ocasin en que se lleva a cabo una conspiración que le da a todos los alumnos una revancha triunfal. La escuela luce radiante, solemne y engalanada. Las personalidades de la ciudad y los padres de familia están ubicados cerca de la tarima. Las pruebas comienzan. Un chico entre tímido y espantado recita mecánicamente un discurso. Una niña balbucea algo y ruborizada y feliz se sienta. Tom olvida su discurso a mitad de camino. Siguen los ejercicios de lectura y la competencia de ortografía. Llega el número central de la noche: las composiciones hechas por las jóvenes señoritas que son similares a las realizadas por sus madres y abuelas en años anteriores. Los aplausos poco a poco pierden su carácter vigoroso y estimulante. Llega entonces la prueba de geografía y el maestro Dobbins dibuja en la pizarra un mapa. El dibujo provoca risas. Él trata de mejorarlo. Las risas aumentan. Por encima de la cabeza del maestro baja un gato suspendido por un cordel. El animal se balancea dando arañazos al aire. De pronto sus garras le arrebatan la peluca al señor Dobbins y queda al descubierto una calva dorada con purpurina. La reunión se da por terminada. La venganza ha sido consumada y los chicos salen a vacaciones.

Entonces Tom ingresa a la "Orden de los Cadetes de la Templanza", que como su nombre lo indica exigía a sus soldados: abstenerse de fumar, de mascar chicle y de la impiedad mientras perteneciera a la orden. Sólo la esperanza de poder lucir sus insignias en el desfile de Independencia de los Estados Unidos, le permite soportar sus deseos de beber y blasfemar. Confiado en que un alto funcionario que está a su cuidado posiblemente muera, aguarda el día de los funerales. Pero el hombre mejora y Tom, disgustado, presenta su dimisión. Esa noche el funcionario muere y el chico casi muere también al ver a sus antiguos compañeros desfilando en gran parada.

A Tom le parece que estas vacaciones son aburridas. Aunque es libre de beber y blasfemar, ahora ya no lo desea. Intenta llevar un diario, pero fracasa. Trata de imitar a "los cantores negros" que por esos días son la sensación del pueblo, pero al poco tiempo desiste. Y lo que es peor, Becky se va a pasar las vacaciones con sus padres a una ciudad lejana. Por otra parte, el terrible secreto del crimen le parece un cáncer. Para redondear la catástrofe del pobre chico, llega el sarampión. Después de dos semanas de encierro sale a caminar y encuentra que la melancolía y el misticismo religioso se han apoderado del mundo: encuentra a Joe Harper estudiando el Nuevo Testamento, a Ben Rogers visitando a los pobres y cuando visita a Huck, éste le recibe con una cita de las Sagradas Escrituras. Tom regresa a casa sumido en una total depresión.

Aquella noche cae sobre San Petersburgo una tempestad que parece anunciar la llegada del juicio final. Tom horrorizado cree que sus pecados son la causa de la tormenta. Pero al rato vuelve la calma y Tom se muestra agradecido y dispuesto a enmendarse. Una recaída lo mantiene otras semanas en cama. Luego de esto vemos a Tom recuperado, jugando con sus amigos.

Comentario

Inicialmente vemos como la nobleza y la valentía que Tom manifiesta con su oportuna forma de evitar que Becky sea castigada, logra reconciliarlos. De otro lado, encontramos la crítica burlona y mordaz que Twain hace al tipo de educación que se imparte en su época (hacia mediados del siglo XIX).

El tristemente célebre adagio de que "La letra con sangre entra" sería el título apropiado para el cuadro de intimidación y terror que representaban las escuelas del siglo pasado. Sin embargo, no podemos considerar en absoluto que aquella época en que el castigo físico era considerado un eficaz método educativo sea sólo cosa del pasado. Es posible que muchos de nosotros hayamos conocido en la época escolar la puesta en práctica de tal método. Incluso se puede afirmar, sin exagerar, que en la actualidad aún persisten formas, probablemente más sutiles pero igualmente funestas, de intimidación y sufrimiento para el estudiante. Como consecuencia: el desinterés, la aversión... la deserción. Twain describe otra: "una diablura" divertida con la que los chicos de la escuela le cobran al verdugo la anhelada revancha.

¿Qué podemos decir entonces de la educación memorista, esto es, la repetición mecánica de conceptos, tan alejada de una racionalización del conocimiento? ¿No es otra forma de intimidación y sufrimiento? Y por último, la religión, que con su aire acusador invade el ambiente mojigato, lúgubre, moralizante y riguroso en que se ha desenvuelto la educación de muchos de nosotros... Twain que maneja de forma magistral la sátira, arremete contra este estado de cosas y sus secuelas, cuando se refiere a los temas elegidos por las jóvenes para realizar sus "composiciones" de fin de año; veamos:

"El rasgo prevalente en estas composiciones era una melancolía cultivada y gozosa; otro, la prodigalidad del léxico rebuscado y una tendencia a la frase manida y a la moraleja final, que arrastra su desmedrada cola hasta el término de cada una de ellas. Cualquiera que fuese el tema, se hacía un esfuerzo que atormentaba el cerebro para retorcerlo de una manera u otra, para que la mente oral o religiosa las pudiera contemplar con edificación. La notoria insinceridad de estos sermones no era suficiente para conseguir su proscripción de las escuelas... No hay ninguna escuela en nuestro país donde las jóvenes señoritas no se sientan obligadas a concluir sus composiciones con un sermón, y sucede que el sermón de las chicas más frívolas y menos religiosas de la escuela es el más largo y el más implacablemente religioso...

Esta pesadilla ocupaba diez páginas del manuscrito y finalizaba con un sermón tan destructivo de toda esperanza para los presbiterianos, que obtenía el primer premio".

Es necesario referirnos también a la manera como Mark Twain, crítico mordaz y burlón de la realidad en que vive su pueblo, hace de su obra una expresión que precisamente se opone a una literatura que hasta ese momento era un fiel reflejo de una época. Twain está en contra de esta literatura lánguida y dulzona, que rebuscaba y adocenaba palabras y frases tan trajinadas como "la página de la vida" para referirse a "la experiencia humana", que como regla general era pura hipocresía, pose, y que moralizaba inquisitivamente, página tras página. El hecho de haber roto con esos preciosismos literarios y con el adoctrinamiento religioso y moral, coloca a Twain como uno de los precursores de la moderna literatura norteamericana. Escritores como Ernest Hemingway así lo consideraron por el descubrimiento de un nuevo lenguaje, más amplio, sencillo, claro y perspicaz.

CAPÍTULOS XXIV AL XXIX

Resumen

Encontramos a Tom hecho un manojo de nervios, pues se va a celebrar el juicio contra Muff Potter. Por su propia seguridad, Tom y Huck vuelven a jurar solemnemente que no dirán una sola palabra del asunto. Para resarcir sus penas y sus culpas van a donde Muff Potter se encuentra recluido y le regalan tabaco y cerillas. El atribulado hombre les agradece la generosidad y reconoce emocionado que son las únicas personas que no lo han olvidado ni abandonado en medio de su tragedia. El remordimiento angustia a los chicos que pasan una noche llena de horror.

El primer día del juicio la gente murmura que el viejo Potter está prácticamente perdido. Tom y Huck merodean excitados por los alrededores de la corte. El segundo día se habla del testimonio que va a dar el indio Joe con el que seguramente se le echará la soga al cuello. La audiencia final transcurre en medio de un lento e irremediable hundimiento del inculpado. El abogado de la acusación finaliza con lo que parece ya la sentencia definitiva:

"Por los juramentos de los ciudadanos cuya simple palabra se halla encima de cualquier sospecha, hemos probado que en este horrendo crimen, sin ninguna posibilidad de duda, el autor es el infeliz prisionero de la barra".

De repente, el abogado defensor llama al estrado a "Thomas Sawyer". Asustado al ver el rostro impasible del indio Joe, el chico responde las preguntas del abogado de Potter. El auditorio enmudece al escuchar el relato de Tom que poco a poco habla con más calma y seguridad. Cuando el chico acusa al indio Joe, éste salta por una ventana y huye en medio del paroxismo general.

De nuevo Tom es un brillante héroe. Su nombre sale impreso en el diario del pueblo. Algunos creen que puede llegar a ser presidente; claro está, si escapa de las manos del indio Joe. A veces Tom se siente contento de haber hablado y otras veces se arrepiente de haberse ofrecido a comparecer. Él piensa que únicamente podría vivir tranquilo cuando hubiese visto el cadáver de aquel hombre. Las recompensas y los detectives resultan ser intentos fallidos en procura del criminal. Tom y Huck viven en una constante zozobra.

Es entonces cuando llega el deseo vehemente de ir a alguna parte a desenterrar un tesoro. Tom busca a alguien que le secunde en su propósito y qué mejor cómplice que Huckleberry Finn, que si bien no tiene nada en este mundo, siempre está dispuesto a ofrecer lo que le sobra: ganas de ser amado, de ir a cualquier parte, de enrolarse en la empresa que sea. Luego de una demostración de elocuencia de los conocimientos que Tom tenía acerca de tesoros, jeroglíficos, claves secretas, los encontramos cavando con sus palas debajo de un árbol muerto que había en una colina, a tres millas del pueblo. Una hora después al ver que no hay resultado, Huck pregunta si los ladrones suelen enterrar tan hondo los tesoros. Tom revisa cuál puede ser el error y comienzan otro hoyo. Derrotados por el cansancio y los malos resultados temen que sea alguna bruja que está interfiriendo su labor. Tom recapacita y propone que tal como él ha oído y leído el tesoro muy seguramente está bajo el piso de una casa encantada. Allí en medio del valle iluminado, se levanta aislada y en ruinas la edificación que satisface esta necesidad.

La superstición pone en aprietos a los dos amigos. Es viernes, y el viernes es de mal agüero; han soñado, además, con ratas y esto los llena de miles de funestos presagios. Para distraerse, Tom propone jugar a Robin

Hood. Como Huck no lo conoce, Tom le cuenta qué clase de héroe había sido aquel personaje. Huck se entusiasma al saber que Robin Hood robaba a los ricos y repartía el botín en partes iguales entre los pobres. De vez en cuando miran la casa encantada y sus corazones se estremecen al pensar en las riquezas que van a encontrar.

El Sol aún brilla cuando Tom y Huck llenos de temor ingresan al interior de la casa encantada. El aire sobrenatural y pavoroso que reina allí los descontrola por un momento. Luego inspeccionan la casa y se familiarizan con ella. Suben al segundo piso y de pronto escuchan que alguien se acerca a la casa. Dos figuras hablan en el vestíbulo mientras los chicos observan angustiados por una rendija. El pánico es indescriptible cuando Tom identifica la voz del indio Joe. Escapar es prácticamente un suicidio y los muchachos se quedan escondidos sin hacer ningún ruido. Entonces ven cómo el indio Joe habla de un "golpe" que va a dar en el pueblo, al parecer se trata de una "venganza". Luego el asesino saca una bolsa llena de monedas de plata y se dispone a enterrarla en el piso de la vieja casa. El indio Joe toma una de las herramientas que Tom y Huck habían dejado en un rincón y levanta una de las tablas del piso. La sorpresa del criminal es mayor cuando la pica da con un objeto duro. Nada menos que un cofre oxidado que contiene un verdadero tesoro en monedas de oro. La sorpresa de los chicos es mayor. Sólo aguardan con ansiedad a que el indio Joe vuelva a enterrar el tesoro para caer ellos sobre el botín. Se sienten ricos y hacen toda clase de especulaciones sobre su futuro. Sin embargo todo se viene al suelo cuando el astuto indio Joe se extraña de que en aquel lugar abandonado se encuentren esas herramientas con huellas de haber sido utilizadas recientemente. El indio Joe supone que debe haber alguien en el segundo piso y comienza a subir los escalones con el puñal en la mano. Los chicos tiemblan de pavor al ver la inminencia de la muerte. Afortunadamente para ellos, uno de los escalones cede y el indio Joe cae estrepitosamente al piso. El facineroso no quiere correr ningún riesgo y, junto con su compinche salen de la casa llevándose el tesoro. ¿Cuál ha de ser la rabia y la frustración de los chicos que estuvieron cerca de realizar su sueño? Lamentándose por su torpeza regresan a sus casas odiándose a sí mismos.

Tom no da su brazo a torcer y propone a Huck que sigan los movimientos del indio Joe. Haber acariciado con la vista tanta riqueza junta le incita a esta nueva aventura. Por otra parte un "número dos" que había proferido el indio Joe le parecía la clave para encontrar el nuevo sitio donde se encontraba el tesoro.

Pronto encuentran una puerta en una taberna que tiene como distintivo un "número dos". Ocultos en la noche vigilan todos los movimientos durante tres días sin que nada suceda. El cuarto día Tom se decide a probar con las llaves que se ha traído de casa. Huck debe esperarlo por si acaso aparece alguien. Tom se demora y Huck está a punto de perder la paciencia. De pronto, Tom pasa corriendo junto a Huck mientras le grita: "¡corre como alma que lleva el diablo!". Los chicos huyen despavoridos, y no es para menos: Tom había logrado penetrar en la habitación del "número dos" y de milagro no había pisado la mano del indio Joe que yacía en el piso, junto a una botella de whisky. Tom, del susto, no tiene tiempo de averiguar si el tesoro está en aquel lugar. A pesar de todo, ahora que conocen dónde se esconde el asesino, los chicos guardan la esperanza de que en cualquier momento pueden apoderarse del tesoro. Tom y Huck se preparan para entrar en acción.

Comentario

Con lo sucedido en el juicio contra Muff Potter, Tom demuestra, con un acto de responsabilidad y de valentía, que está madurando. Ha tenido en cuenta el dolor y la angustia del viejo Potter y, a pesar del temor y el peligro que corre, el chico ha dicho la verdad. Tom es un auténtico héroe.

De otra parte, también en estos capítulos se nos relata otra de las historias centrales de la obra: la búsqueda de un tesoro que a la postre lleva a Tom y a Huck a reencontrarse con el temido indio Joe. La historia es rica en suspenso, misterio, superstición, ternura y jocosos momentos que, en medio del ambiente pavoroso y tenso, nos hacen reír a carcajadas.

Los diálogos ingenuos y sinceros que sostienen Tom y Huck a lo largo de esta aventura nos muestran los sentimientos nobles, las ilusiones y fantasías desbordadas, la idea del mundo y de la vida que tienen estos maravillosos muchachos.

Encontrar un tesoro, ser ricos de la noche a la mañana, salir de la pobreza es un sueño que todo ser humano tiene en la vida. ¿Qué decir de un chico de la calle como lo es Huck? Sin amor, sin tener siquiera la posibilidad de satisfacer medianamente la necesidad básica del alimento diario, del abrigo de un techo o de un vestido propio. Esta miseria unida a los anhelos propios de un chico, hace de Huckleberry Finn un ser al que todo le es "indiferente". ¿Qué otra alternativa le deja la vida que le ha tocado en suerte? Huck, nos dice el autor, "estaba dispuesto siempre a tomar parte en una empresa que ofreciese diversión y no requiriese un capital, pues tenía una superabundancia molesta de esa clase de tiempo que no produce dinero".

El contraste social y afectivo entre Tom y Huck es evidente, dramático. Twain hace de ese contraste un cuadro tierno, poético, irónico, veamos:

Tom habla de los tesoros escondidos...

"—¿Quién los esconde? —dice Huck.

—Pues los ladrones; naturalmente, ¿quién piensas que lo hace? ¿Los superintendentes de la escuela dominical? —responde Tom.

—No lo sé —concluye Huck—. Si fueran míos, no los escondería; me los gastaría y la pasaría bien...

Supón que encuentro un cacharro de cobre con cien dólares en él, completamente enmohecido y brillante, o un arca podrida llena de diamantes. ¿Qué te parece? —pregunta Tom—.

Los ojos de Huck ardían.

Esto es estupendo, francamente estupendo para mí —responde Huck—. Me das los cien dólares y no deseo diamantes.

—Oye Huck: si encontramos un tesoro aquí, ¿qué harás con tu parte?

—Me tomaré un pastel y un vaso de soda todos los días e iré a todos los circos que pasen por aquí. Te aseguro que la pasaré bien."

A diferencia de Huck, Tom que ha tenido el privilegio de pisar un salón de clase y que ha tenido por fortuna el calor de un hogar, es más optimista, más precavido, más amplio y rico en la apreciación de su futuro. Algún día tendrá dinero, ahorrará y se casará con la mujer que tanto ama. Cuando Tom habla de casarse, Huck expresa lo que su ingrata experiencia le ha enseñado al respecto:

"Es el mayor disparate que podrías hacer, Tom. Mira a mi papá y a mi mamá. ¡Pelea segura! Se peleaban todo el tiempo. Lo recuerdo muy bien.

—Eso no es nada. La chica con quien me voy a casar no peleará.

—Tom, yo creo que todas son iguales. Todas le tratan a uno a patadas...

¿Cómo se llama la niña, Tom?

—Te lo diré alguna vez. Ahora no.

—Muy bien, déjalo. Sólo que si te casas estaré más solitario que nunca".

Lo único que tiene Huck, realmente, es la amistad de Tom. Es una amistad auténtica. Tom así lo siente y de inmediato no duda en replicar al desolado Huck, de esta forma: "—No, no lo estarás; vendrás a vivir conmigo".

Tom le enseña a Huck lo que sabe no sólo acerca de los tesoros; también le habla de un personaje que reúne todo aquello que el espíritu romántico de estos jóvenes tiene como lo bueno, verdadero y bello que un hombre podría hacer en este mundo. Ese héroe que sirve de modelo para sus vidas, es Robin Hood. Tom profesa una admiración extraordinaria por él, e induce a Huck a que también lo convierta en su héroe favorito, veamos:

"—¿Conoces a Robin Hood, Huck?

—No. ¿Quién es Robin Hood?

—Fue uno de los hombres más grandes que jamás hubo en Inglaterra... y el mejor. Era un ladrón.

—¡Caramba!, ojalá fuera yo también. ¿A quién robó?

—Sólo a los sheriffs, los obispos; a la gente rica, a los reyes y otros por el estilo. Sin embargo, nunca molestaba a los pobres, los quería. Siempre partía con ellos a partes absolutamente iguales.

—Tiene que haber sido una persona simpática.

—Te aseguro que lo fue, Huck. ¡Oh, era el hombre más noble que jamás existió! Ya no hay tales hombres ahora, te lo aseguro...".

Twain pone en boca de estos chicos toda la picardía, la ironía, la ternura de que puede hacer gala un escritor que sabe escrutar las costumbres, las creencias y las contradicciones sociales de una época puritana y supersticiosa que recibía los albores de un fenómeno histórico que iría a cambiar sus vidas: la industrialización.

CAPÍTULOS XXX AL XXXVI

Resumen

Becky Thatcher regresa al pueblo y Tom está feliz. Todo su interés se concentra en compartir con ella el mayor tiempo posible. Sólo por momentos se le viene a la cabeza la idea del indio Joe y el tesoro. Para colmo de la dicha, Tom y Becky tienen permiso de ir al paseo que se ha programado para los chicos del pueblo. La madre de Becky le pide que se comporte bien y que si se hace tarde, prefiere que se quede en casa de alguna compañera. Tom le propone a la chica que en vez de eso vayan a donde la viuda de Douglas, a comer helado. La niña no puede resistirse a tan tentadora invitación y acuerdan que lo harán en la noche.

A tres millas del pueblo, en el embarcadero, se instalan los campamentos. Todo es alegría. Alguien propone ir a la cueva que está arriba de la colina.

Todos acuden con sus respectivas velas. Estar allí resulta romántico y misterioso. La cueva MacDougall es una especie de laberinto de galerías que no conducen a ningún sitio. Poco a poco el grupo se divide en parejas que van y vienen por entre la oscuridad, sorprendiéndose de la infinidad de pasillos secretos. Luego, cuando ya la noche se aproxima y todos los chicos están fatigados y untados de cera hasta la coronilla, se escucha la campana para retornar al transbordador que les llevaría de regreso al pueblo.

Entre tanto, en medio de la noche, Huck descubre al indio Joe y a su misterioso acompañante. El chico vence el pánico y recordando las recomendaciones de Tom, le sigue los pasos. Con horror se entera de que el indio Joe va a causarle daño a la viuda de Douglas, en venganza por lo que en otro tiempo le hiciera el esposo de aquella mujer, el juez Douglas. Huck acude de inmediato a la casa del viejo galés y le ruega que evite el peligro que se cierne en torno a la viuda. Huck no quiere que le pase nada, pues ella ha sido muy buena con él. El viejo acude a la casa de la colina con sus hijos. Huck prefiere quedarse. De pronto escucha una serie de disparos y se oye un grito. El chico no aguanta más y corre colina abajo.

A la mañana siguiente, Huck vuelve a la casa del galés y es recibido con una amable bienvenida. Las palabras que escucha son las más extrañas y más gratas que haya jamás oído en su vida. El viejo le ofrece desayuno y le pide que si quiere se quede en casa, pues hay un lugar para él. Luego el chico se entera de que no pudieron atrapar a los delincuentes. Huck trata de que el viejo galés no se entere de lo que sabe; pero finalmente le cuenta al honrado anciano que el tipo que iba a hacerle daño a la viuda es el indio Joe. Le ruega que no se lo cuente a nadie pues teme morir a manos de aquel asesino. Huck se cerciora de que nadie habla del tesoro y por lo tanto, supone que puede estar aún escondido en "el número dos". La noticia de que por poco capturan a unos villanos cunde por el pueblo. La viuda de Douglas le agradece al viejo galés el haberle salvado; pero éste, sin mencionar su nombre, le dice que es a otro al que debe darle las gracias.

Es en medio de este revuelo cuando la señora Thatcher y la tía Polly descubren que Tom y Becky se han quedado extraviados en la cueva de MacDougall. Nadie había reparado en el viaje de regreso que dos chicos faltasen. La señora Thatcher daba por hecho que Becky estaba en casa de la señora Harper y la tía Polly atribuía la ausencia de Tom a algún otro disparate del chico. Aquel domingo la alarma corre de boca en boca. En cinco minutos las campanas reúnen a todo el pueblo que organiza la búsqueda de los chicos. Aquella tarde el pueblo lucía vacío y muerto. Los familiares de los chicos lloraban incansables. La noche transcurre, llega la mañana y no hay noticias de ellos.

Por su parte Huck cae a cama en medio de fiebre y delirio. La viuda Douglas le ayuda, pues está segura de que el Señor ha puesto su señal en aquel chico vagabundo. Tres días con sus noches sumergen al pueblo en el estupor. Sólo se han encontrado los nombres de Tom y Becky impresos en una roca y una cinta. De nada sirven las oraciones y las misas, los niños siguen extraviados. Inocente de todo lo que pasa, Huck despierta y de inmediato pregunta nerviosamente a la viuda de Douglas si se ha descubierto algo en "la taberna de la templanza". el chico se tranquiliza cuando se entera de que únicamente han hallado bebidas alcohólicas. Pregunta si ha sido gracias a Tom. La viuda no le responde y llora desconsolada. El chico se duerme confiado de que el oro aún sigue oculto.

Cuando ya todo el mundo les da por muertos, justo el martes a medianoche, el repique de campanas despierta al desconsolado pueblo. La gente se arremolina y grita: "¡Se los ha encontrado, se los ha encontrado!". Los niños son llevados en un coche por una muchedumbre que lanza hurras. Es la noche más notable que jamás haya vivido aquella pequeña ciudad. Tom no cesó de contar, varias docenas de veces, todas las peripecias vividas en la cueva, agregando sorprendentes detalles que hacían aún más maravillosa aquella aventura. Como Huck sigue enfermo, Tom lo visita; pero no le puede hablar de su hazaña por indicación de la viuda Douglas que quiere evitar a toda costa que empeore la salud del chico.

Dos semanas después de haber ocurrido aquel acontecimiento, Tom habla con el juez Thatcher que se encuentra reunido con unos amigos. Un bromista le dice a Tom que si no le gustaría volver a la cueva. El chico responde que tal vez no. El juez le informa que para no correr riesgos ha mandado sellar la entrada de la cueva. Tom palidece y exclama: "—¡Oh, juez, el indio Joe está en la cueva!".

La noticia se riega como pólvora. Muy pronto una multitud de gente se aglomera frente a la entrada de la cueva, allí también está Tom Sawyer. Cuando se abre la puerta contemplan un triste espectáculo: el indio Joe está tendido en el suelo con la cara pegada a la rendija de la puerta. Junto a él se halla su navaja, rota en dos pedazos. La viga que sostiene la puerta está astillada, signo evidente del esfuerzo desesperado e inútil por salvar su vida. Restos de murciélagos indican que el infeliz hombre ha muerto de inanición. Tom se compadece; pero al mismo tiempo, siente un gran alivio, pues con lo sucedido sus temores se esfuman.

El indio Joe es enterrado cerca de la cueva. A éste suceso acuden gentes de los lugares más apartados. El indio Joe es ahora una leyenda.

Dejando atrás el episodio del indio Joe, encontramos a Tom y a Huck buscando el tesoro. Tom le ha confesado a su amigo que el dinero se encuentra en la cueva y Huck está emocionado. Mientras siguen las marcas dejadas por el astuto Tom, éste le confiesa también que desea ser un ladrón. Orgulloso le muestra un hoyo secreto donde se refugiará "La banda de Tom Sawyer". Huck escucha las fascinantes y temerarias explicaciones que le hace su amigo acerca de los robos, secuestros, rescates y amoríos que a los miembros de la futura banda les espera.

Los chicos entran en el hoyo que conduce justamente a las galerías de la cueva McDougall. El interior oscuro y silencioso de la caverna estremece a los muchachos. Tom recuerda los escalofriantes momentos vividos allí con Becky. Por fin llegan a una roca sobre la que se encuentra una cruz. Los chicos temen que el espíritu del indio Joe esté rondando por ahí. Tom trae la calma al advertir a su amigo que una cruz espanta a cualquier espíritu malvado. Luego de buscar en varios lugares encuentran el ansiado tesoro justo debajo de la roca. Sosegada la emoción que el hallazgo les provoca, guardan el dinero en dos talegas y deciden esconderlas en casa de la viuda de Douglas. Por el camino el viejo galés (el señor Jones) sale a su encuentro y les pide que se den prisa, pues los esperan en casa de la viuda.

Las personas más importantes del pueblo se han dado cita en casa de la viuda. Los chicos son recibidos por ella misma, quien les manda a bañar y a ponerse unos trajes nuevos que les ha comprado. Huck no está acostumbrado a esta clase de muchedumbres y le propone a Tom que se escapen. En eso aparece Sid y le cuenta a Tom el motivo de la reunión: la viuda de Douglas celebra una fiesta en honor al galés y sus hijos por haberle salvado la vida. Sid le dice que en realidad a quien se va a homenajear es a Huck, pues ya se sabe que había sido él quien había seguido al indio Joe hasta la casa de la viuda. Tom se enfurece al darse cuenta de que Sid, celoso, ya había contado lo que se quería fuese un secreto. Con todo, Huck es elevado como blanco de las miradas y los elogios de todo el mundo. En estos instantes la viuda de Douglas comunica a los presentes su intención de darle hogar y educación a Huck. Incluso, promete que si logra ahorrar un dinero, algún día le pondrá un modesto negocio. Entonces Tom interviene afirmando que esto ya no es necesario pues ahora Huck es rico. La gente cree que es una broma y ríe. Tom va y trae las talegas y vierte el montón de monedas sobre una mesa. Todos los presentes quedan de una sola pieza, pues jamás en su vida habían visto reunida una fortuna tan considerable. La suma asciende a más de doce mil dólares y como dice Tom, la mitad de esto es de Huck y la otra mitad de él.

El revuelo en San Petersburgo es colosal. La avaricia que despierta la inesperada fortuna de Tom y Huck acaba con todas las casas encantadas del pueblo y sus alrededores. Por otra parte, todo lo que hacen o dicen estos chicos es considerado como algo notable, que debe ser atesorado y repetido.

El diario del pueblo publica apartes de la vida de los chicos. El dinero se pone a interés bajo la tutela de los apoderados. Cada chico recibe por cada día laboral un dólar que para la época alcanza para vivir cómodamente.

Así mismo, el juez Thatcher habla bien de Tom. Exalta su valor, su inteligencia evidente al haber logrado sacar a su hijita de la cueva. Cuando se entera por boca de Becky de cómo había evitado que ella recibiera la paliza, el juez, conmovido considera que la mentira utilizada por Tom es "...una mentira noble, generosa, magnánima... una mentira que hacía levantar la cabeza y merecía entrar en la historia". Las cosas llegan hasta tal punto, que el juez hace vaticinios sobre lo que puede ser mejor para el futuro de Tom: "un gran abogado o un gran soldado", por qué no, las dos cosas...

En cuanto a Huck que se ve arrastrado al mundo de la sociedad tiene que soportar lo que para él es un sufrimiento: criados que lo mantienen limpio, peinado y cepillado; sábanas frías y extremadamente inmaculadas; tenedores, cuchillos, servilletas, hablar correctamente... etc., etc. Tres semanas aguanta su desdicha en casa de la viuda y un día desaparece. La viuda de Douglas lo busca angustiada; pero es Tom el que encuentra a Huck, escondido en un barril. Luce nuevamente como un chico de la calle. Tom le ruega que vuelva a casa. Huck parece no estar dispuesto a regresar, pues si bien reconoce que la viuda es buena con él no soporta los modales de una vida "tan horriblemente metódica". A Huck esta vida fácil no le atrae. Ahora que sabe lo que es ser rico ya no quiere serlo. El chico maldice la hora en que vino la riqueza y echó a perder lo que tanto le gusta: los bosques, el río, el barril... la posibilidad de tener escopetas y una cueva y robar. A Tom se le ocurre una brillante idea: decirle a su amigo que ser rico no priva a nadie de hacerse ladrón; es más, que los más respetables ladrones "ocupan un rango muy alto en la nobleza: son duques, etc.". Huck no desea otra cosa que pertenecer a la banda de Tom, permanece silencioso un momento y luego de una lucha interior, acepta volver un mes a casa de la viuda con la condición de ser admitido en la banda.

Tom le promete que hablará con la viuda para que sea más flexible. Los dos camaradas retornan a casa y Huck pregunta cuándo se va a formar la banda. Tom responde que "la iniciación" será tal vez esa misma noche. Y, ¿qué iniciación?, pregunta Huck. Tom le habla de juramentos, de ayudarse mutuamente, de no delatar nunca los secretos de la banda. La ceremonia será a medianoche, en un lugar tenebroso, encima de un ataúd y con un pacto de sangre. Para Huck esto es fabuloso. Su dicha es tanta que promete vivir de por vida con la viuda. Sueña que quizá llegue a ser un bandido notable, del que todos hablen y del que algún día la viuda se sienta orgullosa de haberle recogido de la calle.

Comentario

En estos últimos capítulos, Twain entrelaza de manera magistral las cuatro historias básicas de la novela. La resolución que el autor da a cada una de las historias contribuye a la configuración de un desenlace perfecto, que en este caso corresponde a un "happy end" (final feliz): la historia del asesinato del indio Joe se resuelve con la triste e inesperada muerte del criminal. Con esto se hace justicia y además, como es lógico, desaparece el peligro que se cernía sobre Tom y Huck. A su vez, el hallazgo de las monedas de oro, resuelve la historia del tesoro del indio Joe. Tom y Huck son héroes, son verdaderas celebridades y por añadidura, son extraordinariamente ricos. De otro lado, la suerte de Tom no puede ser mejor, pues con todo lo sucedido se gana la simpatía y la consideración del padre de su amada, lo que a la postre da una magnífica solución a la historia del noviazgo entre Tom y Becky. Tom satisface a cabalidad las expectativas de padre y de suegro del juez Thatcher que, sin duda, aprueba aquella relación. Por último, Tom y Huck se salen con las suyas, pues sustituyen su deseo de ser piratas por el de ser ladrones y fundar su propia banda. Esto resuelve, por un lado, la historia de la isla de Jackson que como recordamos hablaba de la piratería como la realización del sueño romántico de los chicos. De otra parte, esto deja finalmente a la novela en un punto que nos enfatiza que Tom y Huck son unos adolescentes en ciernes, que así como muestran por momentos algunos rasgos de madurez (especialmente Tom), también nos muestran el ímpetu de su maravillosa actitud infantil. Las últimas páginas de la obra redondean el tema central de la novela, esto es, que Tom y Huck son unos chicuelos traviesos, sedientos de aventura y diversión. Ahí los vemos, como al comienzo, confabulando para emprender una nueva empresa, o mejor, planeando la realización de un nuevo sueño que comanda, como siempre, el intrépido, el ingenioso, el incansable, el leal, el romántico Tom Sawyer.

Esta magnífica conclusión de la obra, hace de "Las aventuras de Tom Sawyer" una de las novelas más gozosas y fascinantes del género de aventuras. Con ella, Twain ingresa al repertorio de los clásicos de la literatura juvenil y de hecho, de la literatura universal, junto a novelas como *Moby-Dick, Robinson Crusoe, La isla del tesoro, La isla misteriosa,* etc.

Pero hablemos de lo que sintetizan estas brillantes páginas finales escritas con tanta alegría e imaginación, con sugestión, rebosantes de contrastes, de destellos poéticos, de paradojas en que se destaca la visión humorística y crítica de un novelista que como un sociólogo entresaca lo más representativo de una sociedad. Una sociedad que experimenta cambios decisivos en sus relaciones sociales, sus costumbres y sus creencias a consecuencia de la irrupción de la fábrica, de la industria galopante, de la riqueza que despierta en los espíritus el ensueño de ver cumplidos sus anhelos de bienestar y felicidad en una especie de "tierra prometida".

Aquí está el puritanismo, la superstición, el individualismo, en otras palabras la idiosincrasia de estos seres que experimentan sensaciones y sentimientos encontrados. Vemos las primeras manifestaciones de la masa, tan vulnerable y permisiva, sometida a sus propios impulsos y contradicciones. Citemos algunos fragmentos de este escritor conocedor de la vida cotidiana, de la vida de la calle, de lo que piensa, siente y dice la gente común y corriente.

Respecto a la desaparición de Tom y Becky. Un suceso opaca a otro de gran trascendencia social:

"Tres terribles días y noches arrastraron sus tristes horas, y el pueblo se sumergió en un estupor sin esperanza. Nadie tenía valor para nada. El descubrimiento incidental que se acababa de hacer, de que el propietario de la taberna de la templanza tenía bebidas alcohólicas en su establecimiento, apenas alteró el pulso público, por muy tremendo que fuera el hecho".

Referente al entierro del indio Joe. Las opiniones y los sentimientos encontrados:

"El indio Joe fue enterrado cerca de la entrada de la cueva y la gente se congregó allí en botes y carros desde las ciudades y desde todas las granjas y caseríos de siete millas a la redonda. Trajeron a sus niños y toda clase de provisiones y confesaron que lo habían pasado tan bien en el funeral como podrían haberlo pasado si hubieran ahorcado al indio.

Este funeral impidió que prosperara algo que se había iniciado ya: la solicitud de indulto para el indio Joe al gobernador... Se creía que el indio Joe había matado a cinco habitantes del pueblo, pero, ¿qué era eso? Si hubiera sido Satanás en persona, habría habido muchos débiles dispuestos a garabatear sus nombres en una solicitud de indulto y echar en ella una lágrima de sus embalses, permanentemente deteriorados y permeables".

La imaginación, la avaricia, la locura que provoca el "oro", la riqueza:

"Se habló de ella, se la miró furtivamente y se la glorificó, hasta el punto de que muchos ciudadanos perdieron la razón bajo la tensión de la insana avaricia. Todas las casas encantadas de San Petersburgo y en la vecindad del pueblo fueron disecadas, tabla por tabla, y se desenterraron y fueron exploradas en busca de tesoros escondidos. Y no por chicos, sino por hombres... hombres muy serios, y nada románticos algunos de ellos".

Finalmente, hablemos de estos inolvidables muchachos. Twain contrasta ingeniosamente dos actitudes, dos situaciones sociales y afectivas contrapuestas en Tom y Huck. La profunda amistad que los une permite que se hagan confidencias sinceras, promesas en las que, con una compasiva sátira y una desbordante poesía, el autor tipifica a estos dos muchachos.

El infortunio social y afectivo de Huck que bien habría podido configurar un cuadro patético es gracias a la pluma humorística y sensible de Twain un drama vigoroso, nada dulzón ni lánguido, que nos hace brotar una triste sonrisa... quizás, estamos seguros, más de una lágrima. Es Huck quien se dice: "...yo soy una especie de trasto viejo... por lo menos, todo el mundo lo dice, y no veo nada en contra de ello; y a veces no pudo dormir mucho, por estar pensando en esto y tratando de emprender un nuevo camino...". O cuando "la prosperidad" del chico le introduce en la sociedad y que Twain describe como "la prosperidad" que "le arrastró a ella (a la sociedad), le metió en ella... y sus sufrimientos, por esta causa, eran casi más de lo que podía soportar".

Y qué decir de esa verdad de la vida de los hombres que Huck, sin saberlo, resume tierna y sentidamente, cuando, siendo otra vez el niño de la calle y despreciando el ser rico, expresa su fastidio por los modales de la vida metódica de aquella sociedad y habla de lo que más le gusta:

"Mira Tom: ser rico no es lo que se pretende que es. Sólo es trabajar y trabajar, sudar y sudar, y desear estar muerto todo el tiempo. Ahora estos vestidos me sientan bien y este barril me va bien, y no voy a abandonarlos jamás. Yo nunca habría tenido estas molestias, si no hubiera sido por ese dinero, Tom; así que llévate mi parte y dame de vez en cuando una moneda de diez centavos... No muchas veces, porque no doy ningún valor a una cosa que no sea muy dura de conseguir".

Huck también tiene al final una posibilidad de una nueva vida. El amigazo de Tom es quien logra convencerlo de que le puede convenir ese cambio. Huck es igualmente un niño que a semejanza de Tom, tiene sus sueños, sus ideales y sus nobles sentimientos. Son sus palabras las que cierran la última página de la novela.

Y nos queda Tom Sawyer. El chico de buen corazón que es capaz de hacer un disparate; pero también un agudo golpe de ingenio. El chico que poco a poco logra reconciliar su ímpetu infantil con la conciencia de que debe ser responsable. Tom madura y lo vemos en una prueba de lealtad hacia el amigo, haciendo una acción ejemplar: aconsejar que Huck busque una nueva vida. Su astucia oportuna y brillante encuentra la oportunidad, seducir al amigo con una nueva empresa. Puede ser que sólo sea una "mentira piadosa" la que ha utilizado Tom para convencer a Huck. Pero, ¿quién nos dice que con ese elemental pero vital acto humano no se haya logrado encauzar el destino de un hombre? El sabor que nos dejan estas páginas es optimista y responde a la esperanza un poco amarga del escritor que soñó con un mundo mejor, con un hombre mejor y que ante la desoladora realidad, prefirió dejar con "Las aventuras de Tom Sawyer" un testimonio de ese mundo de los niños obviamente más sencillo, más puro, más ensoñador, más divertido que el mundo de los adultos.

Tom hace de ese mundo, de esa vida, algo increíble, ingenioso, divertido; con los oficios más maravillosos que tiene el hombre a edad temprana: el ocio, la travesura, la ilusión romántica... Cerremos el libro y evoquemos ese Tom que todos tenemos adentro o que alguna vez tuvimos... Seguramente el viejo Twain debe estar riéndose entre dientes, observando con su mirada inquisitiva y burlona lo que ha sido de ese muchachito que una vez creó para entretenimiento nostálgico de los grandes y para asombro e imitación de los chicos del mundo.

TEMAS CLAVES DE LA OBRA

LA ADOLESCENCIA

Los conflictos y contradicciones de la adolescencia dominan la historia. La obsesión de Tom por Becky es a veces frívola y por momentos muy inmadura. Como cualquier niño sano, Tom está lleno de energía. Muy a menudo sus travesuras son el resultado de toda esa energía. Él y sus amigos también logran desahogar toda la energía volviendo realidad sus fantasías.

A medida que Tom madura en la historia, empieza a preocuparse por los sentimientos de los demás y a aceptar responsabilidades.

LA RELIGIÓN

Twain muestra la religión como un elemento importante en las vidas de la gente de St. Petersburgo. Por ejemplo, todos los domingos van a misa.

La tía Polly se ve a sí misma como una persona muy religiosa. Muchas veces le pide ayuda al Señor en el manejo de Tom.

Tom odia asistir a la iglesia y al colegio el domingo, pero es consciente de que debe hacerlo. Uno de los episodios más cómicos de la historia sucede cuando, durante la misa, Tom permite que un insecto se le escape y se involucre en una pelea con un perro.

Los valores religiosos son mencionados a través de la historia. Por ejemplo, después de que Tom, Huck y Joe se escapan a la isla Jackson, Tom y Joe se sienten culpables, pues se han robado comida para la aventura. Cuando Tom se enferma, cree que está siendo castigado por las cosas malas que ha hecho.

LA SUPERSTICIÓN

Tom y Huck a menudo se involucran en rituales supersticiosos. Como el nivel de educación de Huck es inferior al de Tom, Huck tiende a creer más en lo sobrenatural.

La gente de la comunidad también tiene sus supersticiones. Por ejemplo, ellos creen que quien dispara un cañón sobre el agua ayuda a subir los cuerpos ahogados.

También Tom y Huck sostienen que pueden oír el susurro de los espantos, brujas y demonios en el cementerio, las casas encantadas, la cueva y la isla Jackson.

LA EDUCACIÓN

Twain describe y se burla de la educación tan formal pero típica que se ve en las escuelas.

Otro estilo de educación es el que se adquiere al aprender sobre la naturaleza viviendo en un ambiente no habitado por otras personas.

El aprendizaje es un proceso de maduración, como es demostrado por las experiencias de Tom y Becky en la cueva y Tom y Huck con Injun Joe.

También está la clase de educación que aprendemos de la vida.

UN PEQUEÑO PUEBLO EN AMÉRICA

San Petersburgo representa el típico pueblo de América de la mitad del siglo XIX.

Todos los habitantes se conocen. Cualquier persona nueva es diferenciada inmediatamente.

La gente que Twain describe en la iglesia tipifica la de muchos pueblos pequeños.

La gente está siempre preparada para ayudarse mutuamente, y esto es evidente cuando la campana del pueblo suena para pedir ayuda en la búsqueda de Tom, Huck y Joe después de que se han escapado para la isla Jackson. Igualmente hacen con Becky y Tom cuando éstos se pierden en la cueva.

LOCALIZACIÓN

Las aventuras de Tom Sawyer transcurren dentro y en los alrededores del pueblo St. Petersburgo, Missouri, imaginado completamente por el autor. El pueblo está localizado a unas 3 millas del río Mississipi. Es una comunidad agrícola de unos 500 habitantes. Este pueblo está basado en el pueblo real de Hannibal, Missouri, donde el mismo Twain creció. Twain nos sitúa en el pueblo unos diez años antes de la Guerra Civil y de que los efectos de la Revolución Industrial se sintieran.

Además del sitio físico que Twain describe tan bien, el autor crea un ambiente que abarca la parte humana. En otras palabras, el mundo adolescente del muchacho. Twain describe este mundo tan detalladamente como la isla Jackson, la Montaña Cardiff y la cueva de MacDougall. Crea este mundo mostrándonos qué significa ser un adolescente. Nos permite sentir los sueños, temores, amores, fantasías y aventuras que caracterizan la vida de un adolescente. Es un ambiente que tiene una atracción universal porque nos permite ir más allá del tiempo y el espacio para así acompañar a Tom en sus aventuras.

El mapa de la página siguiente nos aclara mejor cuál es el sitio donde transcurre la obra.

Hannibal

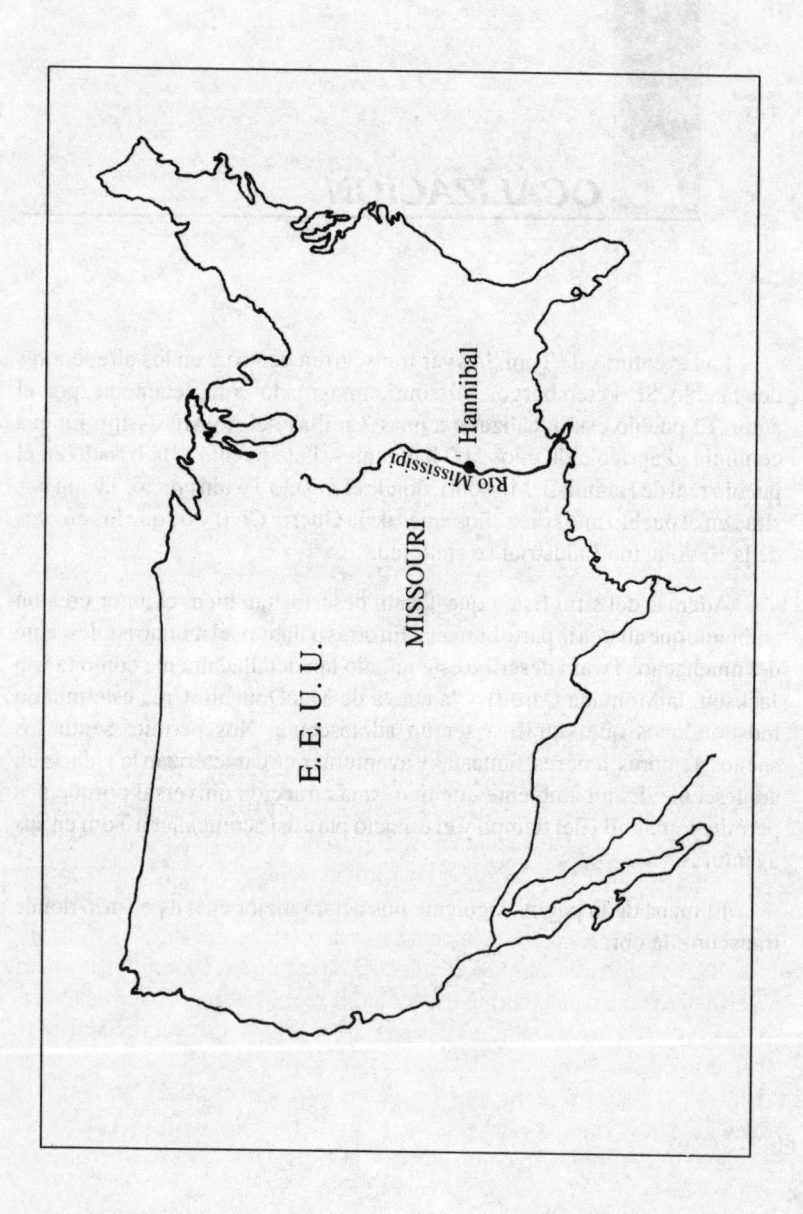

Río Mississippi

MISSOURI

E.E.U.U.

TIEMPO

TIEMPO HISTÓRICO

Twain creció en Hannibal durante 1849 y 1850, antes de la Guerra Civil y la Revolución Industrial. Hannibal, con una población de 500 habitantes, era básicamente una comunidad agrícola. Cuando la familia de Samuel llegó aquí, Missouri se había convertido en Estado hacía menos de 20 años y se sentía, aunque sutilmente, una frontera mental que a veces se demostraba en comportamientos poco civilizados, lindantes con la locura. Las orillas del Mississipi quedaban a unos cuatro kilómetros de distancia, y al contrario del pueblo era un sitio bullicioso, que podía volverse peligroso cuando apostadores profesionales, chismosos, trabajadores del puerto y hombres semidelincuentes peleaban a puñetazo limpio, cuchillo o pistolas.

Hannibal, sin embargo, estaba lo suficientemente alejada de los puertos para mantener su ambiente silencioso, típico de la comunidad agrícola del sur de los Estados Unidos, en plena mitad del siglo XIX. La vida era descomplicada, relajada y a veces un poco aburrida. La población blanca, especialmente los niños, vivían cerca a la naturaleza y eran relativamente libres. Pero también es lógico concluir que para el americano nativo, la gente mulata como el personaje Injun Joe (el Indio Joe) y los negros que aparecen en Tom Sawyer, les era difícil vivir en estos pueblos. La esclavitud estaba vigente mientras Twain crecía en Missouri y ya los litigios raciales eran ásperos. Las gentes se colocaron en ambos lados del conflicto en los años inmediatamente siguientes a la Guerra Civil (1861 - 1865). El Estado de Missouri, que se mantuvo como parte de la Unión, también se convirtió en uno de los campos de la Guerra Civil.

ANÁLISIS DE PERSONAJES

TOM SAWYER

Tom es una mezcla, absolutamente explosiva, de niño inteligente, curioso, entrometido y travieso. Eso es lo que lo hace más llamativo. Si fuera tímido, asustadizo o lento, posiblemente la historia y el conflicto serían otros. Pero Tom es, sobre todo, un comediante sin saberlo. Todas las locuras que emprende, habitualmente terminan en risas. Incluso, como en el episodio de la cueva, donde la tensión nerviosa acompaña todo el relato, Tom con sus tonterías, chistes e hilaridades nos provoca carcajadas sonoras.

Tom es un auténtico niño rebelde. No hay duda. Si existieran los caminos rectos para llegar a Dios, Tom no hubiese cogido ninguno, porque hubiera llegado a través de otro método. Lo prensible o lo convencional no van con este niño de ojos grandes, más astuto que 10 adultos sabios y zorros.

Pero igualmente Tom es dulce —con su tía, por ejemplo—, y amoroso —con Becky—. Tiene altos ideales, es sincero, justo y leal. No es posible imaginar, por ejemplo, que hubiera callado el asesinato de Injun Joe. Y sobre todo, es un gran amigo. La relación con Huck es magnífica y por un momento no dudaríamos en decir que la amistad infantil puede llegar a ser tan fuerte y firme como una amistad adulta.

Tom aventurero. Tom justiciero. Tom enamorado. Tom el risueño. Qué mejores que estos adjetivos para definir a uno de los niños inmortales de la literatura universal.

RECURSOS LITERARIOS

ELEMENTOS LITERARIOS

Muchos críticos literarios creen que Mark Twain ayudó a desarrollar un estilo americano de escritura y elevó los temas autóctonos al nivel de arte. Twain usa un estilo de frases sencillas y cristalinas que reflejan el lenguaje de sus sencillos personajes. En Tom Sawyer, la forma de Twain de usar el dialecto (el lenguaje característico de una región o grupo social) nos da guías, alusiones sobre el medio ambiente social de sus personajes.

Se puede comparar el uso del lenguaje en el siguiente diálogo entre Huck, el personaje de poca educación y abandonado, y Tom, personaje educado y respetado.

"Oye Huck —tú crees que Hoss Williams nos está escuchando?"

"Claro. O por lo menos su alma".

Tom después de una pausa:

"Hubiera preferido decir Sr. Williams. Pero no fue mi intención lastimarlo. Todos le dicen Hoss".

"¿Qué puede importarle a un cadáver como lo llamen, Tom?".

Twain es considerado uno de los humoristas más destacados de América y el humor juega un papel vital en "Las aventuras de Tom Sawyer". Twain usa sátiras a través de toda la historia. Sátira es el uso de la agudeza para burlarse de los convencionalismos sociales. Usa la sátira para describir la oración del Reverendo Sprague en el capítulo V.

Twain a menudo muestra el estado de ánimo utilizando la descripción detallada, por ejemplo, nos describe el estado de ánimo de Tom después de que éste ha sido rechazado por Becky.

"Se fue al colegio abatido, triste y melancólico, y se llevó su pena, junto con Joe Harper, quien había sido castigado por haberse escapado del colegio el día anterior, con la actitud de alguien cuyo corazón estaba ocupado con mayores angustias".

Twain frecuentemente compara dos personajes para darle al lector un mejor entendimiento de cada uno. Por ejemplo, al comparar las actitudes y lenguajes de Tom y Huck, la diferencia entre estos dos amigos es clara.

Twain también nos muestra varios conflictos en la historia. El más obvio, es el conflicto entre Tom y Becky que no se soluciona sino hasta el final de la historia. Hay innumerables conflictos entre la tía Polly y Tom siendo la mayoría presentados de manera tierna. Asimismo, se ve el conflicto interno entre su deseo de satisfacer sus actitudes infantiles y el estar consciente de que debe aceptar la responsabilidad de sus travesuras. Es mediante la reconciliación de este conflicto que vemos como Tom crece y madura a través de la historia.

Twain es un maestro desarrollando el espacio. Por espacio se da a entender el medio ambiente de una situación dada. Al utilizar descripción y diálogo, Twain logra un medio ambiente lleno de suspenso que alcanza su cumbre cuando el Sr. Dobbins saca el libro que Becky ha destruido. Logra también un ambiente de temor y destrucción cuando Becky y Tom se pierden en la cueva. Finalmente desarrolla un ambiente de horror cuando Tom piensa en lo que Injun Joe le puede hacer.

FORMA Y ESTRUCTURA

"Las aventuras de Tom Sawyer" es una narración contada desde el punto de vista de un narrador omnisciente. Desde el hecho de que Twain se basó en su propia infancia en Hannibal para diseñar sus personajes y el medio ambiente, se puede decir que Tom Sawyer es también una forma de narrativa personal.

Aunque Twain aparentemente no hizo ningún esfuerzo por crear una estructura fuerte o sólida en *Las aventuras de Tom Sawyer,* en casi todos los capítulos se puede apreciar un episodio o serie de episodios en la vida de Tom. Cada uno de los treinta y seis capítulos incluye un sitio, un tiempo y unos personajes en común. Casi todos los capítulos son presentados en orden cronológico.

Hay cuatro historias básicas en el libro. La primera es la de Tom y Becky. Es la historia de sus conflictos, noviazgo y aventuras en la cueva MacDougall. La segunda historia es la aventura de Tom, Huck y Joe cuando se escapan a la isla Jackson y la miseria que sienten al ser tratados injustamente. La tercera historia es la del asesinato del Dr. Robinson por Injun Joe. En este episodio, Joe y Huck ven a Injun Joe cometer el crimen y cómo Muff Potter es culpado. En el juicio de Muff, Tom dice la verdad salvando así a Muff Potter de la cárcel. Finalmente la cuarta historia es la de Injun Joe y el tesoro escondido. Esta historia presenta a Huck con la oportunidad de cambiar de vida. Twain logra entrelazar las cuatro historias y traerlas a una conclusión satisfactoria.

PUNTO DE VISTA

La novela "Las aventuras de Tom Sawyer" es contada desde el punto de vista omnisciente, o el narrador sabelo-todo. Desde el punto de vista omnisciente, el narrador nos muestra los pensamientos de varios personajes y describe eventos desde diferentes puntos de vista. Hay ventajas en contar una historia desde este punto de vista. El narrador parece saber lo que cada personaje está sintiendo y pensando. Él o Ella tiene la habilidad de presentar la historia de manera objetiva, y sus comentarios sobre los personajes hace que veamos sus acciones (de los personajes) en perspectiva. Un narrador omnisciente también puede presentar las acciones, pensamientos y sentimientos de varios personajes al mismo tiempo, permitiéndonos entender una situación porque la vemos a través de los ojos de varios personajes. Una visión múltiple y totalizadora atrapa al lector. En otras palabras, desde el punto de vista del lector, un narrador omnisciente presenta un punto de vista confiable. Esto, pues el narrador está involucrado con lo que está pasando en la historia, nos es fácil creerle.

Ahora, una historia presentada desde el punto de vista del narrador omnisciente también puede ser problemática. Por ejemplo, si este método es usado frecuentemente, puede crear una barrera entre el lector y los personajes. Un escritor debe permitir que los personajes hablen por sí mismos para que de esta manera el lector se pueda relacionar con ellos a un nivel personal. Twain es un maestro entrelazando la narrativa y el diálogo, permitiendo que los lectores desarrollen perspicacia hacia los personajes. El leer una historia desde el punto de vista del narrador omnisciente, permite a los lectores sentir que están observando la historia desde afuera y que pueden ver todo lo que está pasando. En cualquier momento, sin embargo, el narrador puede "entregarle" la historia a los personajes para que el lector pueda ver la historia desde el punto de vista de éstos también.

VOCABULARIO

Alacridad. Entusiasmo, alegría.

Ápice. Parte pequeñísima o ínfima de una cosa.

Atormentar. Intimidar con amenazas.

Babor. Lado izquierdo de una embarcación, mirando de popa a proa.

Borda. El borde superior de un bote.

Cardenillo. Una sustancia venenosa verde-azulosa que resulta de la combinación de ácido sobre bronce.

Cizaña. Planta que perjudica los sembrados. Provocar discordia o enemistad: meter cizaña.

Conflagración. Incendio.

Desbrozado. Quitar la maleza. Aclarar un tema.

Desvaneciente. Desaparecer, transitorio.

Desasirse. Que se suelta o se desprende de algo.

Dragar. Limpiar el fango o la arena de los puertos, los ríos, los lagos, etc.

Edificación. En el sentido de desarrollo espiritual.

Embrear. Untar de brea las uniones de las tablas del casco de una embarcación para que no le entre agua.

Expectorar. Escupir.

Escarnio. Burla que ofende.

Ensenada. Pequeña bahía.

Estivales. Calor, moda correspondiente al verano.

Estólido. Estúpido.

Estribor. Costado derecho del barco mirando de popa a proa.

Estramonio. Planta venenosa que causa alucinaciones si es digerida.

Férula. Tablilla para dar golpes en las manos. Simboliza el castigo y el dominio.

Finolis. Persona fina y algo pedante.

Foque. Velas triangulares de las embarcaciones.

Fondeo. Anclaje, llegada a un puerto.

Forajido. Malhechor, facineroso.

Frontis. Ilustración ubicada generalmente en la primera página de un libro. Frontispicio.

Fornido. Fuerte y saludable.

Ímpetu. Violencia, vivacidad, energía.

Imponer. Hacerse notar.

Inhalar. Aspirar ciertos gases o líquidos pulverizados.

Jarana. Acción de estar corriendo y saltando.

Jofaina. Recipiente para lavarse la cara y las manos.

Laudatoria. Elogiosa. Escrito de alabanza.

Lacerar. Causar dolor.

Lúgubre. Especialmente triste o fúnebre.

Magnificencia. Aclamación.

Marcha. Salida, arranque.

Mayestática. Relativo a la majestad.

Menester. Necesidad de una cosa. Ocupación.

Mundana. Relativo a las cosas del mundo y de la vida.

Moteada. Tejido que presenta motas.

Mesurado. Moderado.

Monótono. Uniforme. Falto de variedad.

Opulento. Amplio, abundante.

Orza. Acción y efecto de dirigir la proa por donde viene el viento.

Ostentoso. Pretensioso.

Paria. Una persona rechazada o despreciada.

Palmeta. Castigo (dos palmetazos) colegial frecuente en el siglo XIX y hasta mediados del siglo XX.

Palique. Conversación sin importancia.

Panaceas. Medicamento que se creía que podía curar toda clase de enfermedades.

Patético. Que conmueve o impresiona mucho.

Patetismo. Que causa sentimientos de compasión y lástima.

Popa. Parte posterior de una embarcación.

Portentoso. Increíble, maravilloso.

Prevalecer. Dominar, predominar, triunfar una persona o cosa.

Próspero. Favorable.

Prurito. Comezón. Deseo persistente y excesivo.

Púlpito. En las iglesias, tribuna desde la cual se dirige el predicador a los fieles.

Ráfaga. Movimiento violento y rápido del aire. Serie de disparos de un arma automática.

Reproche. Criticar severamente.

Restinga. Banco de arena.

Sagacidad. Sentido agudo de la percepción y el entendimiento.

Sesgo. Oblicuo.

Sinapismo. Cataplasma hecha con polvo de mostaza. Persona pesada.

Sinvergüenza. Persona malvada.

Sicómoro. Madera de cierta higuera egipcia, tan incorruptible que éstos la utilizaban para las cajas de sus momias.

Sobrio. Templado, moderado.

Sixpence. Una moneda del valor de seis centavos ingleses.

Soliloquio. Hablar a solas.

Tapadera. Tapa de una vasija o agujero.

Torvo. Airado o irritado.

Treta. Truco, engaño, estafa.

Ufanarse. Engreírse, jactarse, vanagloriarse.

Vejación. Irritación.

Yugo. Opresión, esclavitud, servidumbre.

Zambullida. Acción de sumergirse en el agua.

Zurra. Tunda, paliza.

CRÍTICAS SOBRE LA OBRA

"Toda la literatura moderna norteamericana nace de *Huckleberry Finn*. Se ha descubierto, en realidad, un nuevo lenguaje narrativo y alguien sabe usarlo con eficacia".

ERNEST HEMINGWAY, novelista norteamericano.

"Corresponde a Mark Twain dar nuevos aires a la novelística norteamericana del siglo XX añadiéndole el lenguaje coloquial, el humor de la gente sencilla y la ternura de los temas infantiles".

CÁNDIDO PÉREZ G., crítico español.

"Mark Twain, pese a su humor y a su ánimo de burlarse de cualquier convencionalidad espiritual, era bastante escéptico. En sus últimos años estableció con tres amigos un Club de Almuerzo llamado "La Condenada Raza Humana"; todavía en tiempos recientes han salido a la luz escritos suyos del más radical y agudo humor negro sobre la humanidad y sobre esa época "de oro" que le tocó vivir".

JOSÉ MARÍA VALVERDE, crítico español.

TALLERES Y PREGUNTAS

ENTENDIENDO LA SÁTIRA

Sátira es el uso de la imaginación para burlarse de las convenciones sociales. Convierte, algo que normalmente tomamos por desapercibido, en un chiste o algo curioso. En "Las aventuras de Ton Sawyer", el autor se burla de muchas cosas, incluyendo la iglesia, la conformidad y el colegio.

Explique cuál es el objeto de las sátiras siguientes y por qué las líneas son chistosas:

1. Huckleberry era cordialmente odiado y temido por todas las madres de la ciudad porque era holgazán, no se ajustaba a la ley y era vulgar y malo... y porque todos sus hijos lo admiraban.

2. Tom Sawyer se marchó a casa muy contento, pensando para sí que había alguna satisfacción en el servicio divino, cuando había una variedad en él. Sólo tenía un pensamiento que le estropeaba la fiesta: aceptaba que el perro jugase con el "pellizquero", pero no veía justo que lo llevase consigo.

3. El indio Joe fue enterrado cerca de la entrada de la cueva... Trajeron a sus niños y toda clase de provisiones y confesaron que lo habían pasado tan bien en el funeral como podrían haberlo pasado si hubieran ahorcado al indio.

RELACIONANDO EVENTOS CON LA LOCACIÓN

La locación de una obra es el sitio donde ocurren los eventos de la obra. Un autor usa la locación para producir un lugar, lo más realista posible, donde los actores puedan actuar. Por ejemplo, Tom y Huck van a una casa encantada buscando un tesoro y tienen una experiencia que los asusta muchísimo, aunque no tiene nada que ver con espantos. Además, las escaleras de madera podrida evitan que Injun Joe los encuentre arriba.

Según la siguiente lista de locaciones, escriba por qué los eventos que ocurren en cada sitio son apropiados para el sitio:

    1. Isla Jackson

    2. El cementerio

    3. La Cueva McDougall

    4. La casa de la tía Polly

Escriba la respuesta que mejor completa la oración:

1. El narrador de "Las aventuras de Tom Sawyer" parece saber lo que cada personaje piensa y siente.

Esto es un ejemplo de:

a. Punto de vista de primera persona.

b. Desarrollo del argumento.

c. Locación.

d. Punto de vista omnisciente.

2. Temas desarrollados en "Las aventuras de Tom Sawyer" incluyen:

a. Educación y religión.

b. Un pequeño pueblo de América y educación.

c. Superstición y adolescencia.

d. a, b. c.

3. Todas las siguientes son características de Tom Sawyer, excepto la:

a. naturaleza aventurera.

b. terquedad.

c. timidez.

d. pereza.

4. La mayoría de los muchachos en St. Petersburgo admiraban a Huckleberry Finn porque...

a. él no hacia nada que no quería hacer.

b. era el mejor amigo de Tom Sawyer.

c. las madres pensaban muy bien de él.

d. vivía en la isla Jackson.

5. Tom asumió la responsabilidad de haber arrancado una página del libro de anatomía del libro del Sr. Dobbins porque...

a. quería mostrarle al profesor que él era honesto.

b. le dio pesar de Becky y quería ganársela de nuevo.

c. él había arrancado la página.

d. quería evitar que a su amigo Joe Harper le dieran una paliza.

BIBLIOGRAFÍA

PÉREZ GALLEGO, Cándido. *Historia de la literatura norteamericana*. Ed. Taurus, Madrid, 1988.

TWAIN, Mark. *Las aventuras de Tom Sawyer*. Ed. Salvat, Madrid, 1970.

VALVERDE, José María. *Historia de la literatura universal*. Ed. Planeta, Barcelona, 1975.

Obras analizadas

- Amalia
- Ana Karenina
- Así habló Zarathustra
- Aura
- Cien años de soledad
- Crimen y castigo
- Crónica de una muerte anunciada
- Cuentos de Borges
- Del amor y otros demonios
- Diálogos
- Discurso del método
- Don Juan Tenorio
- Don Segundo Sombra
- Don Quijote de la Mancha
- Doña Bárbara
- Edipo Rey
- El astillero
- El avaro, El médico a palos y El Tartufo
- El banquete

- El coronel no tiene quien le escriba
- El extranjero
- El general en su laberinto
- El jugador
- El Lazarillo de Tormes
- El llano en llamas
- El otoño del patriarca
- El poema del Mío Cid
- El Popol Vuh
- El Príncipe
- El Principito
- El Rey Lear
- El señor presidente
- El túnel
- El viejo y el mar
- Eneida
- Ética nicomaquea
- Facundo
- Hamlet
- Ilíada

- La cabaña del tío Tom
- La Divina Comedia
- La guerra y la paz
- La mala hora, La hojarasca
- La marquesa de Yolombó
- La metamorfosis y Carta al padre
- La montaña mágica
- Las aventuras de Tom Sawyer
- Las venas abiertas de América Latina
- María
- Madame Bovary
- Manuela
- Marianela
- Muerte en Venecia
- Odisea
- Pedro Páramo
- Romeo y Julieta
- Sobre héroes y tumbas
- Siervo sin tierra